# DU

# COMPTE COURANT

## EN CAS DE FAILLITE

### THÈSE POUR LE DOCTORAT

*Présentée et soutenue le mardi 6 juin 1899, à 1 heure*

PAR

### Louis BRUN

<small>AVOCAT</small>

3250

## PARIS

LIBRAIRIE NOUVELLE DE DROIT ET DE JURISPRUDENCE

## ARTHUR ROUSSEAU, ÉDITEUR

14, RUE SOUFFLOT ET RUE TOULLIER, 13

1899

# THÈSE

## POUR LE DOCTORAT

La Faculté n'entend donner aucune approbation ni improbation aux opinions émises dans les thèses; ces opinions doivent être considérées comme propres à leurs auteurs.

UNIVERSITÉ DE PARIS. — FACULTÉ DE DROIT

# DU
# COMPTE COURANT

## EN CAS DE FAILLITE

## THÈSE POUR LE DOCTORAT

L'ACTE PUBLIC SUR LES MATIÈRES CI-APRÈS

*Sera soutenu le mardi 6 juin 1899, à 1 heure*

PAR

### Louis BRUN

AVOCAT

*Président* : M. THALLER.

*Suffragants* : { MM. BOISTEL.
LYON-CAEN, } *professeurs.*

## PARIS

LIBRAIRIE NOUVELLE DE DROIT ET DE JURISPRUDENCE

### ARTHUR ROUSSEAU, ÉDITEUR

14, RUE SOUFFLOT ET RUE TOULLIER, 13

1899

# DU
# COMPTE COURANT

## EN CAS DE FAILLITE

---

## CHAPITRE PREMIER

### PRINCIPES GÉNÉRAUX DU COMPTE COURANT.

Le compte courant, qui participe et du prêt et de la cession, est un contrat *sui generis*. Il n'est guère réglementé que par les usages et la jurisprudence.

Simple, quand il doit toujours se solder en faveur de la même partie, ou réciproque, quand il peut se solder en faveur de l'une ou de l'autre, il est toujours synallagmatique en ce sens qu'il implique des obligations réciproques. Il est aussi à titre onéreux et commutatif, les parties n'agissent pas dans une intention libérale, chaque correspondant reçoit un crédit en retour de la valeur dont il fait la remise ; aussi ne peut-il tomber, ainsi que nous le verrons plus loin, sous l'application de l'article 446 du Code de commerce. Les diverses opérations qui figurent dans le compte sont qualifiées de remises, parce que toute opération consiste en une remise d'une valeur par l'une des parties à l'autre. Toute remise en compte courant implique le consentement réciproque des parties. Les parties sont désignées sous le nom de correspondants à raison de la continuité de leurs relations ; le *remettant* ou *envoyeur* est celui qui fait la remise et doit être crédité, le *récepteur* ou *réceptionnaire* est celui à qui elle est faite et qui est débité.

En s'attachant aux principaux effets du compte courant, on peut le définir : un contrat par lequel deux personnes, qui se proposent de faire l'une avec l'autre des affaires, conviennent que les remises qu'elles se feront ne constitueront pas autant de créances ou de dettes distinctes, mais seront novées en de simples articles de débit et de crédit formant un tout indivisible et dont le solde ou différence sera seul exigible. MM. Lyon-Caen et Renault l'ont défini : « un contrat par « lequel deux personnes, en prévision des opérations « qu'elles feront ensemble et qui les amèneront à se « remettre des valeurs, s'engagent à laisser perdre aux « créances, qui pourront en naître, leur individualité, « en les transformant en articles de crédit ou de débit, « de façon à ce que le solde final, résultant de la compensation de ces articles, soit seul exigible. »

Le compte courant est exprès ou tacite, on peut donc l'induire de diverses circonstances.

Il est généralement admis que le compte courant doit présenter quatre caractères essentiels :

1° La réciprocité et la remise de sommes d'argent, de valeurs, d'effets ou de marchandises ;

2° Le transport de la propriété de la chose remise ;

3° Le crédit donné de la chose livrée ;

4° La compensation à due concurrence entre les remises de chacune des parties, de telle sorte que la balance se traduise par un solde novant les divers éléments du compte en un titre de créance unique.

Le compte courant produit, on le voit, des effets multiples dont nous ne citons que les principaux :

1° Le récepteur a la libre disposition des remises qui lui sont faites, il en a donc acquis la pleine propriété (Cour de Rouen, 29 janvier 1858, Le Hir, 1858, p. 415) ;

2° En échange de ces remises, il doit en porter la valeur au crédit de l'envoyeur, qui perd ainsi son droit de créance originaire à raison de cette remise, d'où novation ;

3° Les créances et les dettes, ainsi remplacées par des articles de crédit et de débit, perdent toute individualité ; la comparaison de cet ensemble d'articles permettra, lors de la clôture du compte, de fixer un solde à la charge de l'un des correspondants. Ce solde est seul une véritable dette ; jusqu'à ce qu'il soit fixé, il n'y a que des articles de crédit et de débit formant un tout confus et compact ; c'est l'indivisibilité (Cassation, 29 décembre 1880) ;

4° Toute remise produit de plein droit des intérêts, ces intérêts sont eux-mêmes capitalisés suivant les conventions et contrairement aux règles de l'article 1154 du Code civil (Cassation, 12 mars 1851, Le Hir, 1851, p. 445 ; Cassation, 13 février 1883, Le Hir, 1884, p. 216).

# CHAPITRE II

Ces principes étant posés, à quelle époque et dans quelles conditions sont arrêtés les comptes courants en cas de faillite ? Les comptes courants sont arrêtés, en cas de faillite de l'un des correspondants, en capital et intérêts, au jour du jugement déclaratif (Cassation, 10 août 1852, Le Hir, 1852, p. 581 ; Cassation, 8 juin 1891, *J. des faill.*, 1891, p. 481 ; Cassation, 8 mars 1897, *J. des faill.*, 1898, p. 243).

C'est en effet un des cas de clôture forcée, la faillite change complètement la situation ; survenue avant que le compte courant n'ait été dénoncé, elle l'arrête immédiatement, il ne peut plus y avoir compte courant, puisque l'une des parties ne peut plus donner de consentement valable et que le consentement est nécessaire pour l'entrée en compte courant des remises au moment de ces remises. La faillite n'est pas la seule circonstance qui mette fin au compte courant, la déconfiture, le consentement, la mort, l'interdiction entraînent aussi la clôture du compte courant. Le failli n'est pas, comme l'interdit, privé absolument de la faculté de contracter, mais il est dessaisi de l'administration de ses biens, il est frappé d'incapacité relativement à la masse, sa capacité juridique est au moins atteinte, si elle ne lui est pas enlevée complètement. La clôture du compte courant est une conséquence de cette incapacité, de ce dessaisissement (1), et il importerait peu que plus tard le failli obtînt un concordat, cet acte ne saurait avoir pour effet de faire revivre le compte courant (Cassation, 8 mars 1897, *suprà, cit.*).

Les remises faites en compte courant à un correspondant postérieurement à la déclaration de sa faillite ne peuvent entrer dans ce compte et sont susceptibles de revendication (Civ. Cass., 20 juillet 1846, D. P. 46.1. 335). Il en serait de même des remises faites par ce correspondant en faillite sans le concours de son syndic, elles seraient sans effet au regard de la masse.

Cette règle que la déclaration de faillite de l'un des correspondants arrête le compte courant est absolue. Il n'y a pas lieu de tenir compte même de la bonne foi des tiers, ce n'est pas là une question de bonne foi, c'est une question de capacité. L'article 442 du Code de commerce, qui déclare le failli dessaisi de l'administration de ses biens et par suite incapable à compter du jour même

(1) La liquidation judiciaire, bien qu'elle n'entraîne pas le dessaisissement du liquidé, clôt également le compte courant par suite de l'incapacité relative dont est frappé le liquidé judiciaire. On pourrait expliquer encore cette conséquence de la liquidation judiciaire en disant que le compte courant est un contrat *intuitu personæ* et que la personnalité de l'un des correspondants est modifiée par la survenance de la liquidation judiciaire.

de la faillite, doit être appliqué dans toute sa généralité. Ce dessaisissement étend ses effets aux actes faits à une grande distance du lieu où a été rendu le jugement déclaratif de faillite, même en pays étranger et à une époque où il était matériellement impossible que les tiers, avec lesquels le failli a contracté, eussent connaissance de ce jugement. C'est du jour même de l'ouverture de la faillite que doit s'arrêter un compte courant avec le failli (Paris, 16 juillet 1831 et Cass., 13 mai 1835, S. 35.1.707).

C'est la déclaration de faillite qui arrête le compte, c'est elle qui dessaisit le failli. Jusqu'au jugement déclaratif on peut faire des remises en compte courant, ces remises ne sont pas, nous le verrons, des actes à titre gratuit auxquels s'attache une présomption de fraude.

Tant que ce jugement n'est pas rendu, les correspondants peuvent aussi, si bon leur semble, convenir de clôturer le compte, cette convention sera valable même dans le temps intermédiaire entre la cessation des paiements et le jugement déclaratif. Au cours de cette période, en effet, le failli peut payer des dettes échues, il peut compenser. La compensation, qui s'opère de plein droit, ne saurait, quand il s'agit d'une dette échue, que le débiteur failli serait en droit de payer, être considérée comme faite en fraude des droits des créanciers et contraire à une égalité à laquelle ils n'ont encore aucun droit acquis. Si la compensation est possible, l'arrêté de compte le sera aussi, car qu'est-ce qu'arrêter un compte courant, sinon faire la compensation des remises réciproques afin d'en déterminer le solde ?

Mais *quid* quant aux remises faites au cours de la période suspecte ?

Pour résoudre cette question, il importe d'examiner si ces remises constituent des paiements. Avant l'arrêté de compte courant, il n'y a ni créance, ni dette, il n'y a, cela résulte de la définition même, que des articles de débit et de crédit ; s'il n'y a pas de créance, on ne saurait voir dans une remise un paiement, car un paiement est un mode d'extinction d'une créance et, s'il n'y a pas de créance, il ne peut y avoir d'extinction, il ne peut y avoir de paiement. Bien mieux, en assimilant même le crédit à une créance et le débit à une dette, on ne peut dire qu'une remise constitue un paiement ; comment, dans cette hypothèse, expliquerait-on les intérêts que produit au profit du remettant la somme remise en paiement ? Le paiement éteint la créance et une créance éteinte n'est pas susceptible de produire des intérêts. Il faut donc en conclure que la remise n'a pas un caractère extinctif, elle ne solde pas un débit antérieur, elle accroît simplement la somme des crédits, mais la compensation des articles de crédit avec les articles de débit n'aura lieu que lorsque sera arrêté le compte courant. Enfin, il est même un cas où il sera matériellement impossible de supposer un caractère extinctif à une remise, c'est lorsqu'au moment de cette remise le compte se balance déjà par un crédit en faveur du remettant ; on est bien alors forcé d'admettre qu'une remise n'est pas un paiement.

M. Alauzet a néanmoins émis une opinion contraire : il attribue à une remise en compte courant un caractère extinctif, pour lui une remise d'espèces est un paiement, une remise de marchandises une dation en paiement.

La nature juridique de la remise a une grande importance : si elle constitue un paiement, elle pourra tomber sous le coup de l'article 446 du Code de commerce, qui déclare nuls de plein droit certains paiements faits par un failli pendant la période suspecte.

Or nous venons de voir qu'une remise n'est pas un paiement. Il faut en dire autant et pour la même raison d'une remise en marchandises, ce n'est pas une dation en paiement. Il n'y a pas de dette, et, même en en admettant l'existence, on ne comprendrait pas, si c'était une dation en paiement, que la somme, inscrite au crédit du compte en représentation des marchandises remises en compte courant, produisît des intérêts.

Si les remises ne sont pas des paiements, elles ne sont pas davantage des prêts ou des avances, elles sont une opération innommée, une opération *sui generis*.

Ceci dit des remises au compte courant, il y a lieu d'envisager celles faites au cours de la période suspecte au point de vue des articles 446 et 447 du Code de commerce et 1167 du Code civil. La période suspecte va de la cessation des paiements à la déclaration de faillite, elle comprend même les dix jours qui ont précédé la cessation des paiements. Durant ce laps de temps le commerçant, quoique sous le coup d'une déclaration de faillite, reste à la tête de ses affaires, or l'expérience a démontré que, pour retarder sa faillite, il a souvent recours à des actes désastreux. L'intérêt de la masse exige que la situation de tous les créanciers, qui ont traité avec lui, soit égale et que certains ne bénéficient pas d'opérations conclues au dernier moment. C'est pourquoi la loi réglemente le sort des actes passés par le failli pendant cette période dite période suspecte ; elle les range, suivant leur nature, dans deux catégories distinctes : actes nuls de droit et actes simplement annulables. Les actes nuls de droit sont régis par l'article 446 ; ce sont les actes qui sont à la fois le plus préjudiciables à la masse et le plus suspects de fraude, le débiteur diminue ou grève son patrimoine sans rien recevoir en échange.

La sanction de l'article 446 est rigoureuse, aussi l'énumération des actes, qui tombent sous son application, est-elle limitative.

Les paiements de dettes non échues et les paiements de dettes échues, mais faits autrement qu'en espèces ou effets de commerce, sont compris dans l'énumération.

L'article 447, au contraire, concerne les actes simplement annulables, sa sphère d'application est beaucoup plus vaste, il n'a d'autres limites que celles de l'article 446 : l'article 447 est applicable à tous les actes auxquels ne s'applique pas l'article 446.

Enfin la nullité de plein droit est prononcée par cela seul que l'acte incriminé rentre dans l'énumération de l'article 446 et sans qu'il y ait lieu de distinguer si l'acte a été passé postérieurement à la cessation des paiements ou dans les dix jours qui ont précédé. La nullité facultative, au contraire, ne sera prononcée qu'autant que celui qui a traité avec le failli aura eu, en traitant, connaissance de l'état de cessation de paiements ; cet état ne pouvant être connu avant qu'il ait commencé d'exister, la période suspecte ne s'ouvrira donc, en ce cas, qu'au jour de la cessation des paiements.

On voit par là l'intérêt qu'il y a de savoir si c'est l'article 446 ou l'article 447 qui est applicable. Quel article appliquera-t-on à une remise en compte courant ? Si la remise est un paiement, il faut dire qu'il y a paiement d'une dette non échue et par suite, par application de l'article 446, annuler toute remise quelle qu'elle soit ; il suffira de rechercher si la remise a été faite postérieurement à la cessation des paiements ou dans les dix jours qui ont précédé.

Toutefois M. Alauzet, qui a le plus ardemment soutenu cette théorie, a vu dans la remise un paiement de dette échue. Dans cette hypothèse, il n'y aura lieu à l'application de l'article 446 qu'autant que la remise aura été faite autrement qu'en espèces ou effets de commerce ; dans tous les autres cas, il y aura lieu à application de l'article 447.

Nous ne reviendrons pas sur cette théorie que nous avons rejetée, nous rappellerons que les remises respectives faites entre les parties, qui se trouvent en compte courant, et destinées à se balancer réciproquement, n'ont pas le caractère de véritables paiements dans le sens de l'article 446, et que dès lors elles ne tombent pas sous le coup de la nullité de plein droit édictée par cet article soit à l'égard des paiements de dettes non échues, soit à l'égard des paiements de dettes échues faits autrement qu'en espèces ou effets de commerce, si surtout ces remises ne sont que la continuation d'opérations de même nature commencées antérieurement à la période suspecte.

Cette opinion, qui a été développée par le rapporteur de la loi de 1838, est enseignée par tous les auteurs modernes et consacrée par la jurisprudence.

Les correspondants peuvent se faire réciproquement, jusqu'au jour du jugement déclaratif, des remises d'espèces (Colmar, 20 juillet 1865, D. P. 66.2.186 ; Cass. civ., 22 avril 1884, *J. des faill.*, 1884, p. 324 ; Amiens, 22 janvier 1885, *J. des faill.*, 1885, p. 114) ; d'effets de commerce (Civ. Cass., 10 mai 1865, D. P. 65.1.230 ; Trib. com. Nantes, 15 janvier 1898, *J. des faill.*, 1899, p. 175) ; de marchandises (Req., 20 mai 1873, D.P. 73.1.409 ; Com. Narbonne, 5 novembre 1897, argument *a contrario*, *J. des faill.*, 1898, p. 381 ; Req., 15 février 1875, D. P. 76.1.318 ; Caen, 8 juillet 1850, D. P.

55.2.20); de warrants détachés ou non des récépissés (1) (Civ. rej., 8 décembre 1875, D. P. 76.1.105).

Mais ces diverses remises, ces divers envois tomberaient sous l'application de l'article 446, s'ils étaient spécialement affectés au paiement de lettres de change détachées du compte courant (Req., 7 décembre 1868, D. P. 69.1.189) ou, *a fortiori*, s'ils avaient été faits en dehors du compte courant (Cass. req., 27 juin 1882, *J. du Pal.*, 1883, p. 147) (2). Il y aurait lieu encore à l'application de l'article 446 si, le compte courant étant soldé, le créditeur, pour se couvrir, s'était fait remettre des marchandises ou régler autrement qu'en espèces ou effets de commerce.

Les dispositions des articles 447 du Code de commerce et 1167 du Code civil sont au contraire applicables. Si les remises en compte courant ne constituent pas des paiements ou des dations en paiement, elles constituent bien des actes onéreux rentrant dans les termes généraux de l'article 447 ; c'est ainsi que des envois de marchandises peuvent, lorsqu'ils ont été faits depuis la connaissance de la cessation des paiements

(1) La négociation du récépissé par le propriétaire des marchandises vaut dation en paiement des marchandises (art. 446, § 2) ; la négociation du warrant par le propriétaire des marchandises vaut constitution de gage (art. 446, § 3) ; le négociation du warrant par un débiteur, qui le tenait d'une autre personne, vaut, au contraire, comme simple négociation d'effet.

(2) Il s'agissait dans l'espèce de récépissés de marchandises déposées dans des magasins généraux, la cession de ces récépissés faite en dehors du compte constituait un paiement en marchandises, elle a été annulée.

par le récepteur, être déclarés rapportables à la masse de la faillite ultérieurement déclarée (Caen, *suprà cit.*, 8 juillet 1850, D. P. 55.2.20); de même des remises d'espèces peuvent être annulées, si le récepteur avait connaissance de la cessation des paiements du remettant (Orléans, 14 mars 1895, *J. des faill.*, 1896, p.71).

En ce qui concerne l'article 1167, il est également applicable, ainsi qu'il a été dit (Cass. rej., 12 novembre 1872, D. P. 74.1.78) et ce malgré l'indivisibilité du compte courant. Il est vrai que, pour exercer l'action paulienne, il faut avoir un droit de créance antérieur à l'acte frauduleux, et on ne peut être créancier avant la clôture d'un compte courant. Mais la fraude fait exception à toutes les règles, *fraus omnia corrumpit*, et en outre on suppose que les parties ont eu, lors du contrat, l'intention tacite que l'une d'elles ne pourrait pas nuire à l'autre par des actes frauduleux. Au surplus le compte courant, qui, lorsqu'il est clos, constitue l'un des correspondants créancier de l'autre, contient bien au moins le germe d'une créance.

En somme, tant que la faillite n'est pas déclarée, les correspondants peuvent *ad libitum* ou continuer le compte courant ou l'arrêter, l'article 446 n'est pas applicable, la bonne foi se présume si la fraude n'est pas démontrée. Dès que la faillite est déclarée, l'incapacité s'ensuit, le compte courant est arrêté *ipso facto* nonobstant le préjudice qui pourrait en résulter pour des tiers de bonne foi.

Le jugement déclaratif clôt en effet les comptes et les magasins du failli, il produit effet à l'égard de tout le monde, *facit jus*, c'est à ce jour que doivent être liquidés les droits des créanciers, sauf l'application des articles 446, 447, 448, 449 du Code de commerce ; l'article 544 du Code de commerce n'est que la conséquence et la consécration de ce principe.

Pour déterminer la situation respective des correspondants, on balance le débit et le crédit du compte courant, c'est-à-dire qu'on les compare, puis on déduit, s'il y a lieu, l'un de l'autre ; le résultat est le solde. Ce solde ainsi déterminé, le créditeur a le droit de produire au passif pour le montant intégral de sa créance établie au jour du jugement déclaratif, et n'est pas tenu, au moins suivant la plupart des auteurs, d'imputer, sur le chiffre de sa production, les sommes qui lui ont été payées depuis lors ; c'est l'application par *a contrario* de l'article 544 du Code de commerce.

La Cour de Nancy avait décidé le contraire par arrêt du 3 mars 1885 (D. P. 86.2.144), mais la jurisprudence sur cette question est aujourd'hui définitivement assise (Cass., 19 novembre 1888, *J. des faill.*, 1889, p. 177 ; Rouen, 4 novembre 1892, *J. des faill.*, 1893, p. 385 ; Paris, 24 mars 1892, *J. des faill.*, 1892, p. 447).

La seule réserve imposée aux créditeurs est que les dividendes, joints aux sommes déjà encaissées, ne dépassent pas le montant de la créance.

Nous aurons à revenir sur cette question dans le chapitre V.

# CHAPITRE III

## DE LA REVENDICATION.

L'entrée en compte courant rend le récepteur propriétaire des effets, la propriété en est perdue pour le remettant, qui ne peut plus les revendiquer.

Si le récepteur vient à être déclaré en faillite et qu'il ait encore entre les mains les effets qu'il avait reçus, le droit de revendication aurait pour le remettant un intérêt considérable, car, s'il ne peut pas revendiquer, il n'aura qu'un dividende au lieu de recouvrer sa créance entière. Si les effets ont été remis en compte courant, il ne peut plus les revendiquer, tandis qu'il le pourrait si les effets avaient été par lui remis avec le simple mandat de les recouvrer et d'en conserver la valeur à sa disposition ou s'ils avaient été spécialement affectés à des paiements déterminés. Dans ces deux cas, la revendication est possible malgré la faillite, si les effets sont encore dans le portefeuille du failli (Cass., 12 avril 1876, Le Hir, 1877, p. 195), dans ces deux cas les effets ne sont pas entrés dans le compte.

On voit qu'il y a grand intérêt à remarquer si les remises portées au compte courant y ont été inscrites à bon droit. C'est du reste la solution que donne

l'article 574 du Code de commerce : « Pourront être
« revendiquées, en cas de faillite, les remises en effets
« de commerce ou autres titres non encore payés, et
« qui se trouveront en nature dans le portefeuille du
« failli à l'époque de sa faillite, lorsque ces remises
« auront été faites par le propriétaire avec le simple
« mandat d'en faire le recouvrement et d'en garder la
« valeur à sa disposition, ou lorsqu'elles auront été, de
« sa part, spécialement affectées à des paiements déter-
« minés. »

Sous l'empire du Code de 1807, la revendication était
possible pour les remises faites sans acceptation ni
disposition dans un compte courant où le propriétaire
était créditeur, on supposait qu'il n'avait effectué ces
remises que pour avoir des fonds à sa disposition chez
son correspondant ; elle était au contraire interdite si,
à l'époque des remises, le propriétaire était débiteur
d'un solde quelconque, auquel cas on présumait qu'il
avait voulu éteindre sa dette.

Cette distinction reposait sur des considérations de
fait étrangères au droit. La loi de 1838 l'a fait disparaître, désormais celui qui reçoit en compte courant
des effets de commerce en devient propriétaire et peut
en disposer, la revendication n'est plus permise.

Le remettant se dessaisit de la propriété des effets
passés en compte courant, il fait confiance au récepteur
et suit sa fortune, il doit être traité en cas de faillite
comme les autres créanciers. En autorisant la revendi-

cation dans certains cas, le Code de 1807 avait créé un droit de privilège au profit de certains créanciers au préjudice de la masse, qui était en droit de considérer le failli comme propriétaire des effets remis en compte courant.

M. Renouard, le rapporteur de la loi de 1838, a très bien justifié la modification apportée par cette loi : « Les « remises faites en compte courant, dit-il, ne l'ont été « ni à titre de dépôt, ni à titre de mandat ; elles sont la « conséquence de la confiance accordée au failli et « n'ont été que l'exécution d'un contrat formel ou tacite « passé avec lui antérieurement à la faillite. La personne « qui, ayant suivi la foi du failli, l'a volontairement ins- « titué son débiteur, doit être placée dans la même « catégorie que les autres créanciers avec lesquels il « se trouve en compte. »

En somme si le remettant n'a pas stipulé que le montant des effets remis serait tenu à sa disposition ou si ces effets n'ont pas reçu d'affectation spéciale et s'ils entrent dans le compte courant, le droit de revendication est éteint au profit de la faillite du récepteur.

Au contraire, si les valeurs n'ont été remises que sous la condition qu'elles seraient tenues à la disposition du remettant ou si elles ont reçu une affectation spéciale, elles ne seront pas comprises dans le compte courant, il sera fait pour ces valeurs un compte spécial et dis- tinct (1). Le cédant, dans cette hypothèse, n'a pas

(1) L'existence d'un compte courant, où, suivant la convention des

voulu se dessaisir de la propriété des valeurs, la cause des remises est exclusive de toute transmission de propriété, il en restera propriétaire et pourra par conséquent les revendiquer contre la faillite du cessionnaire. Il faut dire alors que ces valeurs seront exclues du compte courant (Lyon-Caen et Renault, n° 1432) ; chaque fois qu'une remise est faite en compte courant, une contre-prestation en est donnée, cette contre-prestation c'est le crédit qui est porté au compte du remettant ; il intervient en somme une sorte d'échange, aussi doit-on reconnaître qu'il est de l'essence du contrat de compte courant de transférer la propriété des remises (Conf., Pardessus, n° 475 ; Delamarre et Lepoitvin, t. III, n°ˢ 329 et suiv. ; Massé, n° 2274 ; Noblet, n° 63 ; Feitu, n°ˢ 101 et suiv. ; Dietz, p. 132 ; Helbronner, n°ˢ 38 et suiv. ; Da, n°ˢ 14 et suiv., 70 et suiv. ; Code de commerce italien de 1882, art. 345-1° ; Lyon-Caen et Renault, n° 1421, p. 797, note 2 ; Lyon, 20 avril 1872, D. 1874.2.7 ; Paris, 15 juillet 1881, *La Loi* du 3 novembre 1881 ; Com. Seine, 8 avril 1897, *J. des Faill.*, 1897, p. 313. — *Contrà*, Boistel, n° 13 ; Cass. Rej.. 26 juillet 1865, D. 1865.1.484).

Cette transmission est un effet nécessaire du compte courant, « partout où il y a compte courant, dit M. Da,

---

parties, doivent figurer leurs opérations ou remises réciproques, ne fait pas obstacle en effet à ce que, par une convention particulière, elles laissent en dehors de ce compte certaines opérations ou certaines valeurs. V. Cass., 4 avril 1865 (S. 1865.1.155) ; Trib. Vienne, 9 mars 1894 et Cass., 3 janvier 1895 (D. 1895.1.401) ; Feitu, n°ˢ 106 à 110.

n° 17, il y a transmission de la propriété, et partout où il n'y a pas transmission de la propriété, il n'y a pas compte courant », ce contrat implique que les valeurs entrées dans le compte sont laissées à la libre disposition du récepteur, il suppose de la part du remettant abdication de son droit de propriété, il fait donc échec au droit de revendication, car celui-là ne peut pas revendiquer qui n'est plus propriétaire.

En résumé le cédant sera ou ne sera pas dessaisi de la propriété, suivant qu'il y aura ou n'y aura pas eu entrée en compte courant (Civ. Perpignan, 11 mai 1883, *La Loi* du 25 août 1883).

Lorsque l'endos impliquera transmission de propriété, l'effet sera généralement porté au compte courant ; lorsque, au contraire, l'endos ne vaudra que comme procuration, l'effet sera généralement exclu du compte, mais cette concordance peut ne pas toujours exister.

Que décider si l'effet est porté en compte courant, alors que l'endos n'emporte pas par lui-même translation de propriété ? Le bénéficiaire d'un effet, par exemple, endosse cet effet à un tiers avec qui il est en compte courant, mais il l'endosse *valeur en recouvrement*, cet effet est néanmoins porté ensuite en compte courant par le remettant et par le récepteur, cela résulte des livres et de la correspondance : le remettant sera-t-il dessaisi de la propriété de l'effet, ne pourra-t-il plus le revendiquer ? Là encore on devra dire que, malgré les termes restrictifs de l'endos et par le seul fait de l'entrée en compte courant, la propriété de l'effet a été transférée *ipso facto* au récepteur et que, par suite, le remettant ne peut plus être admis à le revendiquer. C'est l'opinion enseignée par M. Thaller : « Quand « même la lettre de change ne serait pas endossée en « toute propriété, dit cet auteur, il n'appartiendrait pas « à l'endosseur de la reprendre. La négociation est « ferme en dépit de la forme défectueuse qui lui a été « donnée. — La présomption de l'article 138 du Code « de commerce n'a point lieu. Il n'est pas vrai que le « nouveau porteur ait reçu un simple mandat révoca- « ble de toucher l'effet. Il en a fourni la contre-valeur « par un crédit inscrit en compte courant. Moyennant « cette inscription, il a été entendu que la traite lui ap- « partiendrait en toute disposition. En d'autres termes « l'existence, entre l'endosseur et le porteur, d'une « convention de compte courant, avec l'incorporation « de l'effet dans ce compte, est un moyen suffisant, « pour celui qui a reçu la traite, de combattre et de re- « pousser la présomption légale (n° 1433).

« L'inscription du montant de la remise, par celui « qui la reçoit, à l'avoir de l'endosseur, met obstacle à « la revendication de la traite, quand même l'endos se- « rait irrégulier en la forme » (n° 1262, note 1, p. 712). C'est aussi ce qu'a décidé la Cour de Paris le 2 décembre 1898 (D. 99.2.89) (1). Les effets essentiels du

(1) *Contra*, Chambéry, 7 juin 1886 (D. 99.2.90). Cet arrêt admet qu'on

compte courant se produisent dès lors que le contrat
existe et quels que soient les termes de l'endos. L'endos, on le verra, n'est que le moyen auquel on a recours
pour effectuer la remise, il n'est que l'accessoire ; la
remise en compte courant, voilà le contrat principal.
Il est rationnel que celui-ci absorbe celui-là et le do-
mine.

La question de savoir si l'effet endossé *valeur en recouvrement* est réellement entré dans le compte courant
ou au contraire en a été exclu, a donc une importance
capitale, mais c'est une pure question de fait dont la solution dépend des circonstances (Grenoble, 30 juin 1894
et Cass. crim., 3 janvier 1895, D. 95.1.401). Dans l'espèce soumise à la Cour de Paris, l'intention des parties
n'était pas douteuse, les circonstances relevées par les
premiers juges sont très caractéristiques et méritent
d'être rapportées à titre d'exemple :

« Attendu que tous les trois mois, Rogier-Richaut,
« Meunier et Cie remettaient à Deullin et fils un compte
« dénommé par eux-mêmes « compte courant et d'in-
« térêts », sur lequel figuraient toutes les remises faites
« à ces derniers en valeurs avec intérêts des sommes
« reposant à leur débit, compte qui s'est continué sans
« interruption jusqu'à la liquidation judiciaire de Deul-
« lin et fils ;

peut faire une remise en compte courant sans en transférer la propriété,
comme si le compte courant n'impliquait pas nécessairement la transmission de la propriété.

« Que ces derniers ont fait des remises de valeurs
« dans les mêmes conditions à Rogier-Richault, Meu-
« nier et Cie, et qu'il en résulte qu'au 1er janvier 1897
« ceux-ci étaient débiteurs de Deullin et fils, suivant
« leur bordereau arrêté au 31 décembre 1896, d'une
« somme de 4.163 fr. 90 ;

« Attendu que les lettres de Deullin et fils accusent
« réception d'extraits de comptes courants, ce qui indi-
« que clairement que les parties étaient d'accord sur la
« forme de ce compte, puisque chacune lui donnait la
« même dénomination ;

« Attendu, d'ailleurs, que le rôle de l'encaisseur con-
« siste à recevoir un bordereau de valeurs d'une maison
« de banque, à en faire l'encaissement et à en rappor-
« ter le montant aussitôt, déduction faite des effets im-
« payés et de la commission : que chaque échéance
« devait faire l'objet d'un bordereau particulier, spécial
« et réglé immédiatement d'une façon définitive et com-
« plète ;

« Que si Rogier-Richault, Meunier et Cie ont remis
« à Deullin et fils des valeurs avec l'endos *valeur en*
« *recouvrement*, ils devaient se faire couvrir aussitôt du
« montant intégral du recouvrement effectué ;

« Qu'ils ne devaient aucunement établir un compte
« qualifié par eux-mêmes *compte courant* et reconnu
« tel par Deullin et fils ;

« Que, dans ces conditions, le prétendu compte de
« recouvrement de Rogier-Richault, Meunier et Cie

« n'est autre chose qu'un compte courant, compte ayant
« commencé au début des relations entre les parties,
« remis tous les trimestres, avec reports, calculs d'in-
« térêts, remise d'effets, tous éléments d'un compte
« courant et entièrement étrangers au simple mandat
« d'encaissement. »

Les deux arrêts plus haut cités de Grenoble et de la
Cour de cassation ne contredisent nullement cette théorie, ils l'impliquent au contraire ; ces arrêts ont recher-
ché si les effets litigieux étaient entrés dans le compte
courant ou en avaient été exclus, ils ont considéré que
des faits de la cause résultait la preuve qu'ils n'étaient
pas entrés dans le compte et que par suite le récepteur
n'en avait pas acquis la propriété.

Il ne peut pas, en effet, y avoir en même temps remise
en compte courant et affectation spéciale : l'entrée, l'incorporation dans le compte courant fait disparaître
l'affectation spéciale, et l'affectation spéciale exclut l'effet du compte courant (Douai, 21 août 1883, *J. des
faill..* 1883, p. 553).

# CHAPITRE IV

DE LA CONTREPASSATION.

§ 1er. — **Clause sauf encaissement.**

Mais ces divers articles constituant le débit et le crédit du compte courant ont-ils un caractère définitif?

Assurément non, le crédit, d'après notre définition même, n'est qu'une créance novée, or dans la novation du compte courant l'obligation nouvelle, créée pour remplacer l'obligation ancienne, qui est éteinte, n'en est pas indépendante, celle-là n'est que la contre-partie de celle-ci, elles sont liées ensemble, subordonnées l'une à l'autre, l'extinction de l'une est la cause en même temps que la condition essentielle de la création de l'autre.

Si donc la première obligation est nulle ou simplement annulable, ou dépend d'une condition qui ne se réalise pas, elle n'a pas d'existence, par suite elle n'est pas susceptible d'extinction et ne peut pas être transformée, être novée en une autre obligation. Dans ces conditions le crédit ne sera évidemment valable, licite, définitif, pur et simple, qu'autant que la créance, dont il provient, aura elle-même tous ces caractères.

C'est dire que le crédit donné suivra le sort de la créance elle-même, qu'il ne sera pas nécessairement irrévocable, et que son inscription au compte pourra dans certains cas être effacée. Cette annulation de crédit, réalisée au moyen de la contrepassation d'écritures, c'est-à-dire par le report au débit d'une somme égale à celle du crédit qu'on veut annuler, sera possible toutes les fois que, par suite du défaut d'existence de la créance primitive, la novation se trouvera n'avoir pas eu d'objet. Un effet de commerce non échu, par exemple, entre en compte, il n'a de valeur que celle de la signature qu'il porte ; or celle-ci peut ne rien valoir lors de l'échéance; faudra-t-il néanmoins décider que le crédit donné lors de l'entrée en compte de cet effet est irrévocable ? Ou bien devra-t-on dire qu'il est soumis à la condition du paiement à l'échéance, qu'il n'est donné que sauf encaissement ? S'il est irrévocable, le réceptionnaire, en cas de non paiement à l'échéance, ne pourra pas contrepasser et restera débité d'une valeur qu'il n'aura pas touchée.

Au cas contraire, le débit, correspondant à une valeur inexistante, pourra, dès que cette inexistence se sera révélée, disparaître au moyen d'une contrepassation.

Si les correspondants ont expressément convenu entre eux que le crédit serait définitif ou qu'au contraire il ne serait maintenu que *sauf encaissement*, la question ne se pose pas et la convention intervenue, convention parfaitement licite, recevra pleine exécution (art. 1134, C. civ. et Cass., 10 mars 1852, Le Hir, 1852, p. 251).

Le doute ne peut naître que dans le cas où les parties ont gardé le silence ; il y a lieu alors de rechercher quelle a pu être leur intention. Si la doctrine et la jurisprudence sont aujourd'hui d'accord pour admettre cette condition tacite de *sauf encaissement*, il n'en a pas été toujours ainsi.

La Cour de cassation, après l'avoir admise autrefois (15 janvier 1823, S. 7.1.184, et 20 décembre 1837, S. 1837.1.46), était revenue sur sa décision (Cass. req., 9 janvier 1838, D. 38.1.50 et Cass., 27 avril 1846, D. 46. 1.243) et avait résolu la question en sens contraire. L'usage constant de la banque et du commerce veut que les remises d'effets en compte courant n'entrent dans ce compte et ne deviennent définitives que sous la condition d'encaissement. C'est cette considération qui a motivé les deux premiers arrêts de la Cour. En 1838 et en 1846, au contraire, la Cour de cassation n'a envisagé que la négociation des effets remis en compte courant, elle n'a envisagé que leur endos, faisant complètement abstraction de leur entrée en compte courant, ou plutôt n'en déduisant aucune conséquence juridique, et elle a fait application du principe de transmission définitive de propriété inscrit dans l'article 136 du Code de commerce.

Ce n'est que les 10 mars 1852 (Civ. Rej., D. 1852.1.

77) et 26 juillet 1852 (Req. Dalloz, 1852.1.214) que cette théorie fut définitivement rejetée et que furent posés les principes qui, d'une manière générale, régissent actuellement la question.

Le compte courant est un contrat, dans ce contrat doivent être suppléées les clauses d'usage ; la clause de *sauf encaissement* est une clause d'usage, par suite « le « crédit du remettant n'est que provisoire et condition- « nel jusqu'à l'encaissement, et pour les valeurs, dont « le paiement n'a pas lieu à l'échéance, le montant en « est contrepassé au débit du remettant pour anéantir « l'effet du crédit provisoire ».

Cette jurisprudence a été depuis successivement consacrée par plusieurs autres arrêts : Cass., 10 août 1852, S. 52.1.609 ; Cass., 14 mai 1862, S. 62.1.499 ; Cass., 10 janvier 1872, S. 72.1.25 ; Rouen, 19 février 1877, D. P. 77.2.82 ; Cass., 19 novembre 1888, *J. des faill.*, 1889, p. 177, art. 1065, Le Hir, 1889, p. 67 ; Dijon, 8 juillet 1890, D. P. 91.2.330.

Elle est conforme à la doctrine : « L'endossement « des effets en compte courant, dit M. Pardessus, « n° 476, en transfère sans doute la propriété à celui « qui les reçoit, lorsqu'il est causé *valeur en compte*. « Mais cette entrée d'un effet dans un compte courant « ne peut créer irrévocablement un article de crédit « pour celui qui l'a cédé de cette manière, qu'en cas de « paiement à l'échéance ; il ne peut jusque-là être cré- « dité que conditionnellement ; car, si l'effet n'est pas

« payé, cet article de crédit disparaît, et même celui
« qui l'a reçu devient créancier des frais de protêt,
« diligences, poursuites et autres droits légitimes, qui
« ont été l'effet du défaut de paiement et qui forment,
« au contraire, un article de crédit en sa faveur. »
MM. Delamarre et Lepoitvin émettent la même opinion,
*Traité du contrat de commission*, t. 2, n° 496 : « Il est de
« la nature du compte courant qu'il ne soit donné
« crédit des remises en papier que *sauf encaissement*,
« c'est-à-dire à condition qu'il sera payé. Cela est de la
« nature du compte courant, car les remises en papier
« sont autant de cessions ou transports de créances.
« Or il peut être très licitement convenu que le cédant
« ne répondra pas du paiement de l'effet cédé ; mais il
« faut pour cela une stipulation. Si l'effet n'est pas
« payé et que celui, qui l'a reçu, justifie avoir fait le
« nécessaire, non seulement il annule par une contre-
« passation d'écritures le crédit qu'il en avait donné,
« mais il se crédite à son tour des frais de protêt et
« autres frais légitimes auxquels a donné lieu ce défaut
« de paiement, et même du capital de l'effet s'il l'a
« négocié, et que le porteur s'en soit fait rembourser
« par lui. »

M. Da (n° 95) s'exprime ainsi :

« Le remettant a donné au récepteur un effet de com-
« merce et il devient par là créancier de sa valeur, et
« c'est cette créance de la valeur de l'effet qui entre en
« compte courant ; le crédit n'est donc que de cette

« valeur ; si elle est moindre, il sera moindre ; si elle
« est nulle, il sera nul, rien de plus logique : la valeur
« de l'effet, c'est ce qu'il produit, c'est la somme payée
« au porteur à l'échéance ; si le paiement n'a pas lieu,
« l'effet n'avait pas de valeur ; le remettant n'a donc
« rien transmis au récepteur et le crédit que celui-ci
« lui a donné est nul pour défaut de cause. »

M. Clément (n° 58) estime également que le crédit
donné n'est que l'équivalent de la remise et que, si le
paiement du titre n'est pas effectué à l'échéance, le crédit donné au remettant ne se justifie plus et doit disparaître.

Ne considérer que l'endos d'un effet sans tenir
compte de son entrée en compte courant, c'est dénier
l'existence du contrat de compte courant comme contrat *sui generis*, d'une espèce particulière, ayant ses
conditions particulières exprimées ou sous-entendues.
Le compte courant, d'après la conception que nous
nous en faisons, consiste en des remises respectives ou
en échange de valeurs, ces valeurs sont réelles et non
fictives, si des valeurs fictives y sont admises, ce ne
peut être qu'à titre provisoire et pour ordre, sous la
condition qu'elles deviendront des valeurs réelles ; le
récepteur d'une lettre de change, par exemple, n'en est
pas débité d'une façon définitive, il ne prend que provisoirement cette lettre de change dont il promet de
tenir compte au cédant, si cette lettre de change est
payée et se transforme en une valeur réelle ; son débit

n'est que conditionnel. La condition à laquelle il est soumis, n'est pas de l'essence du contrat, mais elle est de sa nature ; si elle n'y est pas exprimée, elle doit y être sous-entendue.

La considération tirée de l'effet translatif de propriété de l'endos, ne pouvait modifier les conditions du contrat de compte courant et faire obstacle à la contrepassation : en quoi consisterait ce contrat, dit M. l'avocat général Nicias Gaillard, s'il n'exerçait par lui-même aucune influence sur le mode de transmission des valeurs dont il se compose et si les remises réciproques d'effets de commerce devaient être considérées isolément et soumises aux règles ordinaires de transmission ?

L'endos sert à effectuer la remise. Remise en compte courant, telle est l'intention des parties, tel est le but principal qu'elles poursuivent, comment le réaliseront-elles ? par l'endos, l'endos est le mode de remise.

Dans ces conditions les règles de l'endos ne sauraient prévaloir sur celles du compte courant. L'article 136 du Code de commerce décide bien que l'endos régulier transfère la propriété de l'effet, mais une convention contraire peut écarter l'application de cet article, or cette convention nous la trouvons dans le contrat de compte courant qui implique la clause *sauf encaissement*.

Au surplus « autre chose, a dit M. Noblet, n° 96, est « de considérer le cessionnaire comme saisi de la pro-

« priété des effets de commerce par la vertu de l'endos-
« sement, autre chose est de le considérer comme débi-
« teur en compte courant de ces mêmes effets ». La
réalité du crédit reste donc subordonnée à la réalité de
la valeur remise (Massé, n° 2307).

Il serait illogique de maintenir au compte un crédit
sans cause. Si le récepteur inscrit au compte un crédit
à l'occasion de la remise d'une créance dont la valeur
est encore hypothétique, ce ne peut être que sous la
condition d'effacer ce crédit, si la suite des événements
vient à lui montrer que la créance était illusoire ; « c'est
« là un fait d'inexécution de la promesse, sous laquelle
« ces valeurs avaient été envoyées, reçues et inscrites
« au crédit du remettant, qui retourne en arrière pour
« effacer ce qui s'était déjà fait sous la foi contraire ».
(Rapport de M. le conseiller Nachet.) Cass., 14 mai
1862, Dalloz, 1863.1.173. — Req., 5 février 1861, aff.
Deffès, D. 1861.1.313.

C'est ce qu'exprime la maxime : « Entrée en compte
n'a lieu que sauf rentrée. »

Le contrat de compte courant s'exécute immédiatement, la condition à laquelle il est soumis est une condition résolutoire, les valeurs remises en compte courant
sont la propriété de celui qui les a reçues, il en dispose
complètement et les risques sont à sa charge du jour
de la réception. La clause *sauf encaissement* est une
condition résolutoire sous-entendue dans la convention
conformément à l'intention présumée des parties et aux
usages du commerce.

§ 2. — Qui peut contrepasser ? Le récepteur peut-il contrepasser
malgré la faillite du remettant ? Que peut-on contrepasser ?

La clause *sauf encaissement* étant sous-entendue, qui
peut s'en prévaloir ? Le récepteur tout d'abord peut-il
contrepasser ? L'affirmative n'est pas douteuse, mais le
peut-il même après le jugement déclaratif de faillite ? Ce
jugement, ainsi qu'il a été dit, a pour résultat de fixer
toutes choses dans l'état où elles se trouvent au moment
où il intervient, il clôt les magasins, la caisse et le portefeuille du failli ; or la contrepassation, fait nouveau,
semble-t-il, peut-elle être opérée dans un compte clos
par la faillite ? L'un des correspondants, le remettant,
par exemple, est en faillite. Quel intérêt a le récepteur
à contrepasser ? Un exemple le fera comprendre.

Au 30 juin, le compte existant entre Pierre et Paul se
balance exactement. Le 4 juillet, Pierre envoie une
traite de 5.000 francs à fin septembre ; il est crédité de
somme égale, puis il est déclaré en faillite le 1ᵉʳ septembre. A l'échéance du 30 septembre, l'effet de 5.000 fr.
est impayé. Si Paul ne peut pas contrepasser, il sera débiteur, envers la faillite de Pierre, de 5.000 francs, solde
au profit de celui-ci, et en même temps créancier de
somme égale en sa qualité de porteur non payé. Si la
faillite donne un dividende de 10 0/0, Paul, d'une part,
versera 5.000 francs, d'autre part, il touchera 500 francs
et sera, tout compte fait, en perte de 4.500 francs. S'il
peut au contraire contrepasser, il annule son débit de

5.000 francs, le compte se balance, il ne perd rien.

L'intérêt est donc indéniable, la contrepassation sera-t-elle possible ? Non seulement, en effet, le compte est clos, mais ne doit-on pas voir dans cette contrepassation une compensation déguisée ou un privilège qui va permettre d'échapper à la loi d'égalité ?

En se basant sur les articles 446 et suivants du Code de commerce, qui annulent certains paiements faits par le failli, certaines sûretés par lui consenties, on a prétendu que la masse créancière était un tiers, que les événements postérieurs à la faillite étaient sans influence, que la faillite fixait irrévocablement la position de tous les créanciers au moment même où elle éclatait et rendait impossible toute compensation pour les créances dont l'exigibilité n'était survenue que postérieurement, que le récepteur avait à courir tous les périls, toutes les pertes d'une opération dont il aurait bénéficié de tous les avantages, que par suite la clause de *sauf encaissement* ne pouvait pas être opposée à la masse.

Sans doute la masse est, dans certains cas exceptionnels, un tiers : elle est considérée comme un tiers, par exemple, lorsqu'il y a lieu à application des articles 446 et suivants du Code de commerce, elle peut alors faire annuler les actes faits par le failli qui lui préjudicient. Mais il n'en est pas moins vrai qu'elle est en principe l'ayant cause du failli, elle se substitue à lui, elle le représente, elle exerce ses droits, elle exécute les obligations qu'il a contractées alors qu'il était *in bonis*.

Elle n'altère pas les contrats passés par le failli, la personnalité de l'un des contractants est modifiée, le contrat ne l'est pas.

Le récepteur conserve donc le droit de contrepasser *ad libitum* tous les effets impayés au fur et à mesure des échéances sans distinguer entre ceux échus antérieurement au jugement déclaratif et ceux échus postérieurement à cette date.

Sans doute, dit-on encore, la faillite a clos le compte, mais elle n'a pas pu modifier les éléments qui le composaient, rendre pure et simple une remise qui y était entrée affectée d'une condition, ou faire subsister un crédit rétroactivement résolu.

La masse créancière n'étant généralement, nous l'avons dit, que l'ayant cause du failli, ne peut pas avoir plus de droits que lui, ni s'opposer à une résolution qui se produit dans le passé.

Arrivons à la seconde objection : inscrire un débit égal au crédit, c'est éteindre une dette par compensation, c'est arriver même dans certains cas à se rendre créancier d'un solde qui n'existait pas auparavant, c'est créer un privilège au profit du récepteur, c'est violer un principe fondamental en matière de faillite, le principe d'égalité.

Elle doit être également rejetée. Le récepteur ne viole pas l'égalité, il ne s'arroge pas un privilège quand il réclame l'exécution pure et simple d'un contrat. Ce contrat de compte courant est intervenu valablement à une époque où le remettant avait pleine capacité, il doit être exécuté par la masse qui est maintenant aux droits du failli.

Quant à voir dans la contrepassation une compensation de deux dettes, c'est se faire une fausse conception des choses ; le récepteur a à effacer un crédit qui figure sans cause dans la comptabilité, ne pouvant le barrer, puisqu'il ne doit exister aucune rature, il le supprime par une sorte de soustraction algébrique consistant en l'inscription d'un débit égal au crédit appelé à disparaître. Est-ce une compensation ? Il y a simple balance de deux chiffres en vertu de cette vérité mathématique que $a + b - b = a$ (Da, n° 97 *in fine*). Que l'on efface l'article du crédit ou qu'on l'annule en portant au débit une somme égale, c'est même chose. « Lorsque je de- « mande qu'on efface de mon compte une remise qui « n'a pas été payée, je n'agis pas comme créancier du « montant de cette remise ; ce que je demande, c'est de « ne pas être considéré comme débiteur, et de ne pas « payer ce que je ne dois pas » (Massé, n° 2308).

C'est aussi l'opinion soutenue par M. Boistel : « On « a dit, écrit cet auteur dans une note parue sous un « arrêt de la Cour de Paris du 18 juin 1891 (D. 93.2. « 137), que ce système établissait une sorte de privilège « pour le correspondant récepteur, puisque, dans le cas « où le compte se soldait à son débit avant la contre- « passation, celle-ci le faisait échapper à la loi du divi- « dende, et lui permettait, au moyen de la compensa-

« tion à laquelle la contrepassation donnait lieu, de
« recouvrer intégralement la créance résultant pour
« lui du non paiement des effets de commerce qu'il
« avait reçus. La compensation volontaire, ajoutait-on,
« n'est plus possible après la faillite, il faut donc laisser
« le récepteur débiteur de tout le solde du compte
« arrêté à ce jour et le constituer séparément créan-
« cier des effets qui plus tard reviendront impayés,
« en lui laissant subir sur cette créance la loi du divi-
« dende.

« Il faut répondre à cette argumentation que l'on
« applique mal un principe juste : la compensation
« volontaire n'est sans doute plus possible après la
« faillite ; mais il ne s'agit pas ici d'une compensation
« volontaire, c'est-à-dire résultant d'une volonté ac-
« tuelle des parties ; il s'agit, on ne saurait trop le
« répéter, d'une compensation depuis longtemps con-
« venue entre les parties, promise tacitement, mais très
« sûrement dès l'entrée en compte courant, puisque
« c'est à ce moment du commencement du compte que
« la clause *sauf encaissement*, dont on sait maintenant
« les effets, a été agréée entre les parties en vertu d'un
« usage commercial indubitable et constant.

« L'exécution de cette clause était subordonnée à un
« événement futur et incertain, le non paiement des
« effets, et cette condition peut, en se réalisant, modifier
« des rapports antérieurement établis entre les parties
« quoiqu'aucun rapport juridique nouveau ne puisse

« plus s'établir entre elles. La compensation légale *ex*
« *causa antiqua* est toujours possible, quoique la com-
« pensation *ex causa nova* soit devenue impossible. »

En allant au fond des choses, la dation de crédit a
été nulle *ab initio* ; la constatation de cette nullité
rétroagit au jour de la remise.

On peut encore citer dans le même sens : Dietz,
p. 153, Helbronner, n° 68.

Cette opinion a prévalu aussi en jurisprudence.
D'après les usages du commerce, dit la Cour de Douai
dans un arrêt du 5 mars 1845 (S. 1845.2.271), les remises d'effets négociables ne sont portées dans le compte
courant au crédit de celui qui les souscrit et au débit de
celui qui les reçoit que sous la condition que ces effets
seront encaissés à l'échéance.

Cette condition, le plus souvent passée sous silence
pour ne pas blesser la susceptibilité du remettant, doi
être sous-entendue dans les opérations de cette nature
aux termes de l'article 1160 du Code civil, qui porte
qu'on doit suppléer dans les contrats les clauses qui y
sont d'usage, quoiqu'elles n'y soient pas exprimées.

La question ne peut être résolue par les principes
relatifs à la compensation ; en effet, la compensation n'a
pas lieu dans un compte courant au moment des remises que se font réciproquement les correspondants,
l'un n'est véritablement créancier ou débiteur de l'autre
qu'après la clôture du compte, clôture qui résulte soit
de la convention, soit de l'usage. Jusque là toutes les

remises sont inscrites, mais les articles relatifs aux
non valeurs sont contrepassés de telle sorte que la
balance ne s'établisse que sur des remises réelles et
non sur des remises fictives. La même règle doit être
observée, quand c'est à l'occasion de la faillite de l'un
des correspondants que le règlement intervient.

D'autre part, le récepteur ne demande pas à compenser la dette, telle qu'on veut la faire résulter contre lui
d'une simple énonciation du compte courant, avec la
prétendue créance qui résulterait pour lui de ce que la
traite n'aurait pas été payée à l'échéance, il demande
seulement à effacer de ce compte courant un article qui
n'y a été inscrit que conditionnellement.

Dans un autre arrêt de 1861 (S. 1862.2.86), la même
Cour décide « que si la faillite arrête les opérations du
« compte courant en ce sens qu'aucune valeur n'y peut
« être introduite, elle n'en change pas le caractère et
« les conditions ; qu'il est de principe en matière de
« compte courant que les valeurs n'y figurent au profit
« du remettant que sous la condition d'encaissement et
« sauf à les contrepasser en cas de non paiement ; que
« c'est sous ces conditions que les parties ont traité et
« que la faillite de l'une ou de l'autre n'en peut empê-
« cher l'exécution ; que le compte courant est une opé-
« ration unique avec des éléments multiples ; que le
« régler d'après ses principes et ses conditions pour
« arriver au chiffre unique qui le termine et contrepas-
« ser des valeurs non acquittées qui figuraient condi-

« tionnellement au crédit, ce n'est pas opérer une
« compensation entre deux créances distinctes, c'est la
« simple rectification du compte. »

La Cour de Nancy (25 février 1850, D. 52.1.214) dit
aussi : « Lorsqu'un compte courant est arrêté par l'évé-
« nement d'une faillite, la rectification des chiffres qui
« le composent n'est en aucune manière une opération
« nouvelle, une compensation défendue en matière de
« faillite. Elle n'est, au contraire, que la rigoureuse exé-
« cution du contrat de compte courant auquel les fail-
« lites doivent obéir, comme y auraient obéi les faillis
« eux-mêmes, s'ils eussent conservé l'administration de
« leurs affaires. »

Dans le même sens on peut citer deux arrêts de la
Cour de Bordeaux des 12 mai et 17 juin 1857 (*J. des
tribunaux de commerce*, n° 2472, VII, 222), un arrêt de
Poitiers du 28 janvier 1878 (*J. du Pal.*, 1878, p. 1259),
un autre de Nancy du 3 mars 1885 (D. 86.2.144) et enfin un dernier de Dijon du 8 juillet 1890 (D. 90.2.330).

C'est aussi ce que la Cour de cassation, abandonnant
sa jurisprudence de 1846, a jugé elle-même à plusieurs
reprises : Cass., 10 mars 1852, S. 52.1.258 ; Cass.,
26 juillet 1852, S. 52.1.609 ; Cass., 10 août 1852, *J. des
tribunaux de commerce*, n° 774.II.419 ; Cass., 16 mars
1858, S. 58.1.393 ; Cass., 25 juin 1862.

« La condition d'encaissement, dit ce dernier arrêt,
« est toujours sous-entendue dans les remises d'effets en
« compte courant. En cas de faillite de celui qui a remis

« les billets, le solde du compte, arrêté par la faillite
« au jour de son ouverture, n'est pas définitif et reste
« subordonné à l'encaissement des billets non encore
« échus. Dès lors, si les effets ne sont pas payés à l'é-
« chéance, ils doivent être rayés du crédit du failli et le
« solde du compte réduit de leur valeur. »

En somme, il est admis que si la faillite arrête le
compte courant en ce sens que les parties ne pourront
plus se faire de nouvelles remises, elle laisse subsister,
pour le règlement ultérieur des valeurs entrées antérieurement en compte, les conditions préexistantes ;
sa survenance ne peut donc pas entraver l'exercice de
la clause *sauf encaissement*, car cette clause, ce droit
à garantie a une existence antérieure à la faillite.

Tout autre cependant est la solution donnée à cette
question par un jugement du tribunal de commerce
de la Seine du 11 janvier 1890 et par un arrêt confir-
matif de la Cour de Paris du 18 juin 1891. Ces décisions
ont, ainsi qu'on le verra plus loin, établi une distinction
entre les effets échus et protestés avant la déclaration
de faillite et ceux dont l'échéance est ultérieure.

Pour les premiers, dit la Cour, le récepteur a la faculté de contrepasser ; mais le compte acquiert à cette
date un caractère définitif, invariable, sur lequel ne
peuvent influer les conventions des parties et qui fera
échec au droit de contrepasser à l'avenir les effets impayés au fur et à mesure des échéances. Le récepteur
ne pourra donc, pour ces effets impayés, que produire
en qualité de tiers porteur.

Mais les décisions qui établissent cette distinction, sur laquelle nous reviendrons, n'ont pas été soumises à la Cour de cassation.

A quoi s'applique la contrepassation ? Les frais de protêt, intérêts et autres dommages résultant du non paiement pourront-ils être également contrepassés ou, plus exactement, pourront-ils être portés au débit du compte du remettant ?

Il ne saurait, en effet, s'agir ici de contrepassation : la contrepassation suppose une passation d'écriture antérieure, or il n'a pas encore été passé écriture de ces divers accessoires.

Aux termes de l'article 181 du Code de commerce, ils constituent une créance au profit du récepteur, ce n'est pas contesté ; le récepteur pourrait donc en débiter le remettant, si le remettant était *in bonis*.

Mais si le remettant est en faillite, le récepteur pourra-t-il encore inscrire ces frais et intérêts au débit du compte du remettant ? Cette question est très controversée. Presque tous les auteurs répondent négativement ; ils observent que la faillite du remettant a clos le compte courant et qu'on ne peut pas y introduire des articles nouveaux, ils ajoutent qu'après la faillite on ne peut pas acquérir une créance nouvelle contre le failli. Pour eux, si la contrepassation de l'effet impayé résulte d'un fait antérieur à la faillite : la transmission, la créance, au contraire, de ces frais et intérêts résulte d'un fait postérieur à la faillite : le non paiement. Aussi s'accordent-ils à refuser au récepteur le droit de débiter le remettant de ces accessoires (1).

Cette objection ne nous paraît pas péremptoire. Ces auteurs admettent, après la faillite du remettant, la contrepassation du principal, ils n'admettent pas la contrepassation ou plutôt l'inscription, au débit du compte, des frais, des intérêts et autres dommages. Pour l'expliquer ils cherchent à établir entre le principal et les accessoires une distinction qui n'existe pas. Assigner comme cause, comme origine à ces accessoires le fait du non paiement, semble une subtilité. Leur véritable cause, c'est la transmission même de l'effet ; accessoires et principal ont une cause unique, une date commune, leur origine se trouve dans la convention qui a accompagné la remise de l'effet en compte courant. Si donc ils dérivent du même fait, fait antérieur à la faillite, la solution ne saurait être différente dans l'un et l'autre cas.

Quelle a été du reste la commune intention des parties en stipulant tacitement ou expressément la clause de *sauf encaissement* ? Elles ont voulu que le crédit du remettant fût subordonné à la réalité de la valeur, à la valeur de la remise, elles ont voulu que les risques fussent à la charge du remettant. S'il en est ainsi, comment admettre que les parties n'aient pas entendu

(1) Helbronner, nᵒ 73 ; Dietz, p. 158 ; Da, nᵒ 103 ; Lyon-Caen et Renault, nᵒ 1437.

assimiler l'accessoire au principal ? comment admettre
qu'elles aient entendu laisser ces frais à la charge du
récepteur, alors surtout que ces frais sont obligatoires
et indispensables pour toute contrepassation ?

D'autre part, le remettant doit garantie au récepteur,
cette garantie ne saurait être partielle ; il est en faute de
lui avoir remis un effet sans valeur, un effet dont la non
valeur, le non paiement à l'échéance a occasionné des
frais, voire même un dommage au récepteur, il lui en
doit garantie. Les frais et intérêts ne sont que les chefs
secondaires de l'obligation de garantie. C'est l'idée qui se
dégage de l'ensemble des règles édictées par le titre VIII
du Code de commerce. Après avoir, par l'article 164,
accordé en principe au porteur de l'effet un recours en
garantie, le législateur de 1807 spécifie dans les articles 178, 181 et 184 que ce recours comporte non seulement le principal, mais encore les frais et les intérêts.
L'article 542 du Code de commerce fortifie encore cette
solution, il accorde au porteur d'engagements solidaires
le droit de participer aux faillites de tous les coobligés
et d'y participer pour la totalité de la créance en principal, intérêts et frais.

Les frais de protêt, intérêts et autres dommages résultant du non paiement pourront donc être portés au
débit du compte du remettant dans les mêmes conditions que le principal, et cela 1° par voie de conséquence,
et 2° par identité de motifs (1).

(1) En ce sens Feitu, p. 77 ; Boistel, n° 883, p. 627.

Au surplus qu'adviendrait-il au cas de non paiement de l'effet à l'échéance, si ni l'un ni l'autre des correspondants n'était en faillite ? Le récepteur ferait dresser un protêt pour constater le non paiement et retournerait l'effet avec le protêt au remettant en le débitant du montant de l'effet, du coût du protêt et des intérêts. Tout ceci n'est que l'exécution pure et simple du contrat de compte courant. Or la faillite, nous l'avons dit, ne modifie pas les contrats, ils sont exécutés avec la faillite comme ils l'auraient été avec le failli lui-même, si celui-ci eût été *in bonis* ; par conséquent le récepteur, même au cas de faillite du remettant, aura le droit de débiter celui-ci et du montant de l'effet et des frais de protêt et autres accessoires.

Le remettant peut-il de son côté exiger la contrepassation ?

Le récepteur peut en effet, en certains cas, avoir intérêt à ne pas contrepasser.

Ainsi on peut supposer l'espèce suivante : Paul et Pierre sont en compte courant et le compte se balance exactement. Pierre remet à Paul des traites tirées sur un tiers pour 20.000 francs ; elles ne sont pas payées à échéance. Les deux correspondants sont déclarés en faillite, le tiré est insolvable.

Si la faillite de l'envoyeur donne un dividende plus faible, le syndic du récepteur a avantage à contrepasser. Mais si, au contraire, la faillite de l'envoyeur donne un dividende plus élevé, le syndic du récepteur aura intérêt à ne pas contrepasser. Ainsi, par exemple, la faillite de l'envoyeur donne un dividende de 50 0/0, celle du récepteur 10 0/0, le syndic de celui-ci produira comme porteur à la faillite du remettant et touchera 10.000 francs, alors qu'il n'aura à subir le concours du remettant, créditeur du solde, que pour 2.000 francs ; la masse créancière du récepteur réalisera ainsi un bénéfice de 8.000 francs.

Cet intérêt étant démontré, reconnaîtrons-nous au remettant le droit d'exiger la contrepassation ? On a prétendu qu'en cas de non paiement à l'échéance, le remettant pouvait forcer le récepteur à contrepasser malgré lui ; d'après ce système l'endossement n'équivaudrait qu'à un simple mandat donné à celui-ci et, en cas de non paiement, le récepteur ne pourrait se prévaloir d'une translation de propriété. Avant le paiement le récepteur ne serait qu'un simple mandataire chargé de recevoir, le paiement seul lui transférerait la propriété. Dans ce système le crédit n'était donné que sous condition suspensive (Paris, 23 février 1850).

Pour réfuter cette théorie, il suffit d'observer que la condition à laquelle elle est soumise est une condition résolutoire et non suspensive, ainsi que nous l'avons dit, que par suite la translation de propriété de l'effet a lieu *hic* et *nunc* au moment même de l'entrée en compte courant. Le récepteur peut sans doute annuler le crédit qu'il a donné provisoirement, si l'effet, qui a

été remis comme bon, n'est pas payé à l'échéance ;
c'est une opération qui est susceptible d'être résolue en
cas d'inexécution ; or ce droit, cette faculté de résoudre,
d'annuler cette opération, a été introduite dans l'intérêt exclusif du correspondant qui reçoit l'effet et pour
la sécurité de ses relations avec le remettant. Comment
dès lors prétendre que le fait du non paiement de la
valeur à l'échéance a pour effet immédiat et nécessaire
d'anéantir toutes les conséquences de l'endossement,
non seulement en dispensant le remettant d'en payer
le montant, mais encore en la faisant rentrer de plein
droit dans son portefeuille ?

Il est aujourd'hui unanimement admis que le remettant ne peut pas exiger la contrepassation, qui ne se
comprend que pour la victime de l'éviction, le récepteur,
et non pour l'auteur même de cette éviction, celui du
moins qui doit la garantir, le remettant. Celui-ci est en
faute d'avoir remis au récepteur un effet qui n'a pas été
payé. Si la contrepassation n'est qu'un mode d'exercice
du droit à la garantie, le garant ne saurait revendiquer
le droit de contrepasser. Bien mieux, reconnaître au
remettant le droit d'exiger l'annulation du crédit im-
pliquerait pour lui le droit de revendiquer l'effet dans la
faillite du récepteur ; ce serait violer l'article 574 duquel
il résulte, on l'a vu, que les effets, remis en compte courant avant la faillite du récepteur, ne peuvent plus être
revendiqués (Conf., Boistel, n° 883 ; Thaller, n° 1435).

« La prétention du remettant à recourir à la contrepas-

« sation serait aussi ridicule que celle d'un vendeur qui
« demanderait la résolution de la vente pour cause de
« la mauvaise qualité de la marchandise vendue » (Feitu,
p. 245).

Cette solution est admise par la jurisprudence : Cass.,
14 mai 1862, D. 63.1.173 ; Cass., 5 février 1861, Dalloz, 61.1.313 ; Rouen, 19 février 1877, D. P. 77.2.82 ;
Liège, 10 février 1883 ; Nancy, 29 mai 1888, *Gaz. Pal.*,
88.2.98, *J. des faill.*, 1889, p. 236 ; Cass., 19 novembre 1888, S. 89.1.159 ; Com. Marseille, 12 novembre
1891, *J. des faill.*, 1892, p. 517.

Le récepteur en compte courant peut, s'il le préfère,
maintenir le crédit et user de ses droits de porteur en
poursuivant son cédant, il a l'option entre les deux partis ; s'il agit comme porteur à l'encontre du remettant,
c'est qu'il renonce au bénéfice de la clause *sauf encaissement* et qu'il considère sa créance contre le cédant
comme un équivalent suffisant au crédit.

Mais une fois ce choix du récepteur déterminé, une
fois cette option faite, il y a droit acquis pour le remettant (1).

Comment l'option sera-t-elle constatée ? c'est une
question de fait, une question d'appréciation. La
contrepassation pourra, par exemple, être faite par le

_____

(1) La solution serait différente, si le récepteur en compte courant
avait agi comme porteur non plus à l'encontre du remettant lui-même,
mais à l'encontre d'un endosseur antérieur ; il pourrait encore, dans
cette hypothèse, on le verra plus loin, invoquer le contrat de compte
courant contre le remettant et contrepasser ce qu'il n'aurait pas recouvré.

récepteur sur ses livres sans pour cela qu'il y ait droit acquis au remettant, une simple opération de comptabilité sur les livres ne peut engendrer de conséquences juridiques, le récepteur pourra encore exercer son droit d'option ; mais il en serait autrement si cette opération était notifiée au remettant. On ne peut pas formuler de règle à cet égard, les circonstances décideront.

Ces dispositions ne touchent pas à l'ordre public, elles ne sont pas impératives, on peut donc par une convention les écarter : on peut convenir que le remettant pourra exiger la contrepassation ou que cette contrepassation aura lieu de plein droit par le fait seul du non encaissement.

### § 3. — Dans quels cas la contrepassation est-elle possible ? Conditions requises pour contrepasser.

La faculté de contrepaser ayant été reconnue au récepteur, il y a lieu de déterminer les cas dans lesquels il pourra contrepasser. La règle a été posée d'une façon nette et précise par M. Boistel, n° 883 : « Le récepteur, dit-il, peut faire la contrepassation toutes les fois qu'il peut exercer le recours en garantie de l'article 164 du Code de commerce contre le remettant et dans la mesure où il le peut, à la condition de ne pas l'exercer deux fois contre lui. » Le récepteur, porteur d'effets protestés à l'échéance, pourra donc contrepasser. Mais la faillite survenant, certaines complications pourront surgir, et, à ce sujet, il n'est pas inutile d'examiner les diverses hypothèses qui peuvent se présenter.

I. — *Le remettant est en faillite.*

PREMIER CAS. — Antérieurement à l'échéance des effets remis en compte courant, le remettant est déclaré en faillite . La faillite a bien pour effet d'arrêter le compte, mais non de modifier la modalité des articles qui le composent ; si ces articles sont conditionnels, ils resteront conditionnels. Elle dessaisit le failli de l'administration de ses biens, elle le frappe d'une incapacité au moins relative, mais elle ne modifie pas les contrats, leurs effets, les droits qui en dérivent, elle n'altère pas les stipulations des parties. Le récepteur pourra donc, à défaut d'encaissement et malgré la faillite de son correspondant, annuler par une contrepassation le crédit qu'il lui avait donné. Il pourra également, s'il le préfère, agir comme porteur en vertu de l'article 164 du Code de commerce.

Nous avons eu l'occasion, sous le paragraphe 2, d'examiner ce premier cas ; nous avons vu qu'après option entre les deux partis qui se présentent à lui, le récepteur ne pouvait plus modifier sa décision, *electa una via non datur recursus ad alteram.*

On comprend qu'il ne peut pas se faire payer deux fois.

Refuserons-nous cependant au récepteur qui, agissant

comme porteur, aura produit à la faillite du remettant et aura reçu un dividende, lui refuserons-nous le droit de contrepasser pour le surplus?

Beaucoup d'auteurs lui reconnaissent le droit de contrepasser pour le surplus, notamment MM. Lyon-Caen et Renault, n° 1441, M. Da, n°ˢ 112 et suiv., M. Clément, n° 76. Comme porteur, disent les partisans de cette opinion, le récepteur a touché une partie de sa créance ; à concurrence de la somme qu'il a encaissée. le crédit est valable et définitif ; l'effet de la clause *sauf encaissement* doit être restreint au surplus de la valeur, cet excédent seul pourra être contrepassé, car pour cet excédent le crédit donné est sans cause. En faisant cette contrepassation partielle, le récepteur proportionne le crédit à la valeur qu'il a reçue.

Il n'y a pas contradiction pour le récepteur, après avoir agi comme porteur, après avoir regardé le contrat comme valable, à demander la résolution de la convention.

Cette résolution ne porte pas sur le contrat tout entier, mais seulement sur la partie de ce contrat qui est restée inexécutée.

Enfin le récepteur, en produisant, n'a pas agi pour le tout, il agissait à l'encontre d'une faillite, il savait qu'il ne toucherait qu'un dividende, que la remise ne serait valable que pour partie.

Quelques auteurs refusent, au contraire, au récepteur le droit de contrepasser, nous nous rallions à cette opi-

nion. Le récepteur avait l'option, il en a usé, son droit est
épuisé. Il a épuisé aussi, en produisant comme porteur
pour la totalité de sa créance, son droit de garantie sur
lequel repose le droit de contrepasser.

Il ne peut pas se prévaloir à l'égard de son correspondant de sa double qualité de porteur et de récepteur.
L'article 543 du Code de commerce vient à l'appui de
notre thèse : « Aucun recours, dit cet article, n'est ou-
« vert aux faillites des coobligés les unes contre les au-
« tres. » Pourquoi ? parce qu'une même créance ne peut
pas figurer deux fois au passif de la même faillite, l'article 543 n'est que la conséquence de cette règle, il l'implique. Dans l'espèce, la faillite du remettant a été
poursuivie déjà par le récepteur qui a produit, elle l'a
payé, elle ne l'a pas payé, il est vrai, effectivement en
totalité, mais elle l'a admis à son passif pour la totalité
de sa créance, or il est de droit en matière de faillite
qu'admission au passif équivaut à paiement, la faillite
s'est donc acquittée au regard du récepteur, et elle s'est
acquittée intégralement, elle est libérée.

Contrepasser après avoir produit équivaudrait à réclamer deux fois le paiement d'une même créance au
même débiteur.

M. Boistel prétend que l'hypothèse, que nous venons
d'examiner, ne se présentera pas ; pour lui, le récepteur
ne s'avisera pas de produire d'abord à la faillite du remettant : si la contrepassation est possible, il contrepassera d'abord et produira ensuite pour le surplus, s'il

n'est pas couvert par la contrepassation, c'est-à-dire si le solde qu'il doit n'est pas égal au remboursement auquel il a droit.

C'est inexact, il est des cas où le récepteur aura intérêt à produire d'abord comme porteur et à contrepasser ensuite. En voici un exemple : le récepteur est débiteur en compte courant de 10.000 francs, il a entre les mains un billet impayé de 12.000 francs. S'il contrepasse, le compte se balance en sa faveur, il est créancier de 2.000 francs, il produira pour ce solde et si la faillite donne 50 0/0, il recevra 1.000 francs ; il perdra le surplus, soit 1.000 francs. Au contraire, s'il agit d'abord comme porteur, s'il commence par produire à la faillite son billet impayé de 12.000 francs, il recevra 6.000 francs, il contrepassera les autres 6.000 francs et réduira son solde débiteur à 4.000 francs, il ne perdra rien. L'intérêt est donc évident.

Second cas. — Jusque là nous avons supposé que le remettant était le souscripteur, que les deux correspondants étaient seuls en présence. Mais il est possible que le remettant ne soit pas le souscripteur de l'effet, qu'il y ait même avant lui d'autres endosseurs et que le souscripteur et ces endosseurs soient aussi en faillite. Si le récepteur, en vertu de l'article 164 du Code de commerce, a exercé ses droits de porteur du billet protesté et a produit d'abord à la faillite de l'un des endosseurs précédant le remettant ou aux faillites de tous ces endosseurs, pourra-t-il ensuite se retourner contre la faillite du remettant et émettre encore la prétention de contrepasser ?

Les auteurs sont divisés. M. Dietz lui dénie le droit de contrepasser. Pour lui le récepteur a le choix entre deux attitudes différentes ; il peut ou considérer comme une opération définitive la négociation qui a fait parvenir l'effet entre ses mains et exercer alors les droits ordinaires d'un porteur, ou user de la condition résolutoire que contient la clause *sauf encaissement*, c'est-à-dire annuler le crédit qu'il a donné pour la remise ; mais son choix fait, tout est dit, le récepteur ne peut plus revenir sur sa détermination. Un débiteur, obligé sous une alternative à livrer une chose ou une autre, peut choisir, mais il ne peut pas livrer une partie d'une chose et une partie de l'autre. Il en est de même du récepteur, il peut choisir, mais il ne peut pas prendre pour moitié la qualité de porteur sérieux et invoquer pour l'autre moitié la condition résolutoire.

La considération que le récepteur ne s'est prévalu de sa qualité de porteur que vis-à-vis de personnes autres que le remettant, importe peu à M. Dietz, c'est le montant intégral que le récepteur a réclamé, il s'est armé de sa qualité de porteur pour le tout (p. 164).

Il peut assurément s'adresser à la faillite du remettant, y produire comme porteur et, par une faveur exceptionnelle de la loi, y produire pour le montant total de son titre, mais il ne peut pas contrepasser. Les choses ne sont plus entières et elles ne peuvent être rétablies dans le même état que s'il n'y avait pas eu transmission.

Le récepteur a attaqué un endosseur antérieur, celui-ci s'est complètement libéré par le paiement qu'il a fait en monnaie de faillite, le remettant ne peut plus recourir contre lui. C'est par son fait que le récepteur a créé cette situation, qui n'existerait pas s'il avait simplement contrepassé sans se prévaloir de ses droits de porteur. Il doit porter le poids d'une situation qu'il a créée, il ne peut plus émettre le droit de contrepasser, il ne peut que produire comme porteur à la faillite du remettant en vertu de l'article 542.

Toutefois, après avoir posé le principe que la contrepassation est impossible, quand le récepteur a agi comme porteur vis-à-vis des endosseurs antérieurs au remettant, M. Dietz y apporte un notable tempérament : ce qui rend, dit-il, la contrepassation non recevable, c'est l'opération déjà faite par le récepteur qui, en attaquant le tiers pour le tout, a rendu impossible à l'envoyeur tout recours contre ce tiers. Si le récepteur renonce au bénéfice de son action et abandonne à l'envoyeur le dividende qu'il en a retiré, alors tout sera remis en état et rien n'empêchera plus la contrepassation.

Ce système est repoussé et avec raison, ce nous semble, par la majorité des auteurs. Si nous analysons, en effet, la remise d'un billet ou d'une traite en compte courant, nous trouvons, d'une part, un endos donnant naissance à des droits et à des obligations déterminés par les

articles 136, 160 et suivants du Code de commerce ;
d'autre part, une entrée en compte courant également
translative de propriété comme l'endos et également gé-
nératrice de droits et d'obligations régis par le contrat
de compte courant. Ce contrat ne peut avoir effet
qu'entre les parties contractantes, entre les correspondants ; les droits et obligations qu'il engendre sont donc
limités à ces correspondants. Il faut distinguer entre
les conséquences de l'entrée d'un effet dans le compte
courant existant entre le remettant et celui à qui il est
remis, et les conséquences de l'endos qui en est fait au
profit de celui-ci. En vertu du contrat de compte courant,
l'effet n'est transmis et ne constitue dans le compte un
article de crédit au profit du remettant que sous la condition d'encaissement ; en vertu de l'endos, celui à qui
l'effet est endossé en devient propriétaire et peut exercer, tant qu'il en est porteur, tous les droits attachés à
cette qualité, il peut spécialement, en cas de faillite des
coobligés et du remettant lui-même, user de l'article 542
du Code de commerce, qui confère à tout porteur le
droit de produire dans toutes les masses pour la valeur
nominale de son titre jusqu'à parfait paiement.

A l'égard du remettant, le récepteur peut se prévaloir soit de l'endos, soit du contrat de compte courant ;
il pourra agir, nous l'avons vu, soit comme correspondant et contrepasser, soit comme porteur et produire
l'effet impayé.

A l'égard des autres signataires de l'effet, au contraire,

le récepteur ne saurait agir en vertu d'un contrat de compte courant auquel ils sont étrangers, il ne pourra exercer que les droits dérivant de l'endos, il ne pourra agir que comme porteur.

Les droits du récepteur à l'égard des autres signataires de l'effet sont distincts de ceux qu'il a à l'encontre de son remettant. De ce qu'il a poursuivi le paiement de l'effet contre les endosseurs antérieurs par toutes les voies ouvertes aux porteurs d'effets impayés, notamment par la production à la faillite de chacun de ces endosseurs, il ne s'ensuit pas qu'il ne puisse se retourner ensuite contre son remettant et contrepasser la somme qui pourra encore lui rester due. Le remettant et les endosseurs, qui le précèdent, sont tous solidaires au regard du récepteur, les poursuites exercées contre l'un d'eux ne peuvent faire échec au droit de poursuivre les autres. Comment admettre qu'en agissant contre un endosseur antérieur, le récepteur ait épuisé son droit contre son remettant et ne puisse plus désormais user à l'égard de ce dernier de la clause *sauf encaissement* ?

C'est impossible, alors surtout que le remettant n'a à craindre de ce chef aucune action récursoire de la part de l'endosseur antérieur contre lequel le récepteur aura agi.

Le récepteur poursuit jusqu'à parfait paiement chacun de ses débiteurs solidaires au moyen des actions dont il dispose ; le fait d'avoir agi comme porteur à l'égard des endosseurs antérieurs ne l'empêche pas

d'agir comme récepteur, comme correspondant en
compte courant à l'égard de son remettant, de son co-
contractant ; et ce faisant, il ne cumule pas deux droits,
car l'un de ces droits n'agit que sur la partie qui a
échappé à l'action de l'autre. Par la contrepassation
le récepteur ne réclame pas deux fois le paiement d'une
même dette, il cherche simplement à ne pas payer lui-
même ce qu'il ne doit pas. Dira-t-on que le récepteur,
en produisant à la faillite d'un endosseur antérieur, a
demandé déjà la totalité de sa créance et que la faillite,
en l'admettant à son passif, donnât-elle 1 0/0, est censée
l'avoir complètement désintéressé. Assurément la
faillite a payé tout ce qu'elle devait, elle est libérée,
admission au passif équivaut au paiement, mais ce
principe ne s'applique qu'à la faillite, le failli lui-même
ne saurait s'en prévaloir, ni *a fortiori* les tiers signataires de l'effet produit, la preuve c'est que le récepteur a le droit de produire aux faillites de tous les coobligés et de participer à toutes les répartitions pour le
montant nominal de son titre ; il n'en est pas moins
vrai, en effet, qu'il n'a reçu qu'une partie de sa créance.

Dira-t-on enfin que les choses ne sont plus entières,
que le récepteur ayant préalablement recouru contre
un endosseur antérieur, le remettant ne pourra plus,
après la contrepassation, exercer le droit qu'il avait
contre cet endosseur, que dès lors le récepteur ne peut
plus réclamer une contrepassation dont il a, par son
fait, aggravé les effets ? Mais le remettant est en faute

d'avoir donné au récepteur un effet qui n'est pas payé à l'échéance, il ne peut se prévaloir de cette faute pour réaliser un gain : le récepteur, au contraire, n'a fait qu'user de son droit à l'égard de l'un de ses codébiteurs, il n'a pas lésé le remettant, *neminem laedit qui jure suo utitur*, le récepteur lutte pour éviter une perte et a le droit de tirer de l'effet impayé le meilleur parti possible.

D'autre part, le crédit n'a été donné par le récepteur au remettant que sous condition d'encaissement, or l'action dirigée contre l'endosseur antérieur n'a donné lieu qu'à un encaissement partiel, le crédit ne sera donc maintenu qu'à concurrence de cet encaissement et la partie du montant de l'effet, qui n'a pas été encaissée, pourra être contrepassée. Le remettant ne pourra pas, il est vrai, exercer, à l'encontre de l'endosseur antérieur, le recours qui aura été exercé par le récepteur, mais que lui importe ? puisque la contrepassation ne pourra avoir lieu que déduction faite de la somme que lui aurait procurée ce recours. Le fait d'avoir agi comme porteur contre l'un des débiteurs n'empêche pas d'agir ensuite comme récepteur en compte courant contre un autre codébiteur, il n'y a nulle incompatibilité entre ces deux qualités.

A l'encontre du remettant le récepteur n'a pas agi comme porteur, il n'a agi en cette qualité qu'à l'encontre du signataire antérieur, c'était son droit en vertu de l'endos et sans invoquer le contrat de compte courant ;

cette action est donc à l'égard du remettant *res inter alios acta*, elle ne le concerne pas.

La seule chose qui le concerne, qui l'intéresse, c'est la somme encaissée, car à concurrence de cette somme le crédit donné est devenu définitif. Entre le remettant et le récepteur, le contrat de compte courant n'en subsiste pas moins, cette action dirigée contre un tiers n'a pas eu pour effet de l'annuler, le récepteur pourra donc l'invoquer, le crédit est toujours subordonné à l'encaissement, à un encaissement total correspondra un crédit définitif total, à un encaissement partiel un crédit définitif partiel seulement ; l'excédent du crédit sera annulé.

Un exemple fera concevoir la rigueur et en même temps l'iniquité du système que nous avons combattu : Secundus a fourni 1.000 francs de marchandises à Primus, Primus l'en couvre par un effet qu'il souscrit à l'ordre de Secundus. La solvabilité de Primus est douteuse, Secundus remet l'effet à Tertius, son banquier, avec qui il est en compte courant et qui le crédite de 1.000 francs.

Avant l'échéance de l'effet, Primus est déclaré en faillite et le syndic fait courir le délai de production. Tertius porteur produit, la faillite donne 5 0/0, il reçoit 50 francs. D'après M. Dietz, Tertius ne peut plus contrepasser, Secundus est exonéré des risques dont il était garant, son crédit de 1.000 francs est devenu définitif.

C'est l'application rigoureuse de la maxime : *Electa una via, non datur recursus ad alteram.* Toutefois M. Dietz a proposé un tempérament : il permet au récepteur de recouvrer son droit de contrepasser et de remettre toutes choses en l'état en restituant au remettant le dividende qu'il a reçu dans la faillite de l'endosseur antérieur.

Mais cette concession est la ruine de son système ; en la faisant, il reconnaît que le choix fait par le récepteur ne constitue pas un droit acquis au remettant, il reconnaît que le récepteur peut revenir sur sa détermination. On ne comprend plus dès lors le caractère sous lequel il a présenté le droit du récepteur en compte courant ; son droit, dit-il, consiste en une option, c'est une sorte de créance alternative ; or le créancier sous une alternative ne peut, après avoir demandé une chose, exiger la seconde en restituant la première. Il fallait ou ne pas admettre le tempérament ou reconnaître au récepteur le droit de contrepasser ce qu'il n'avait pu obtenir du signataire antérieur, ce qui, par conséquent, figurait sans cause au crédit de l'envoyeur.

Examinons maintenant intrinsèquement l'atténuation proposée par M. Dietz : si le récepteur veut agir en vertu du compte courant, il devra « acheter le droit de « contrepasser pour le tout en restituant à l'envoyeur « ce que les tiers souscripteurs ont déjà payé ». En ce qui concerne la partie impayée de l'effet, soit 950 fr., le recours de Tertius contre Primus n'a pu causer au-

cun préjudice à Secundus, il ne lui a rien fait perdre,
Tertius a reçu dans la répartition 50 francs, Secundus
en produisant lui-même n'aurait pas reçu davantage,
la perte aurait été la même. Mais en tout cas Tertius,
en produisant pour la totalité à la faillite de Primus, a
fait perdre à Secundus le recours qu'il aurait eu lui-
même et qui lui aurait procuré un dividende représentant au moins une partie de l'effet, c'est-à-dire 50 francs.
Ce sont ces 50 francs que Tertius, pour contrepasser,
devra remettre à Secundus, afin de ne pas aggraver sa
situation. Eh bien, là encore le récepteur Tertius ne
cause aucun préjudice au remettant, il n'aggrave pas
sa situation. Sans doute, en produisant à la faillite de
Primus, il empêche Secundus de produire, mais, si aux
lieu et place de celui-ci il reçoit dans cette faillite un
dividende de 50 francs, il lui en donne un crédit définitif et ne contrepassera que pour le surplus de la
créance, soit 950 francs.

Pourquoi alors l'obliger à restituer à Secundus ces
50 francs, ce qui l'autoriserait à contrepasser 1000 et
non plus 950 ? Si Secundus reçoit 50 francs et est débité
de 1000 francs, le résultat est pour lui le même que
s'il est débité simplement de 950 francs. Le résultat
pourrait être différent, au contraire, pour le récepteur
en cas de faillite du remettant ou de distribution par
voie de contribution. Mais est-ce au remettant à faire
la loi au récepteur ? leurs droits respectifs n'ont-ils pas
été précisés, délimités par le contrat ? appartient-il à

l'un des cocontractants de dissoudre les conventions ? l'intérêt du remettant est-il plus sacré que celui du récepteur ?

Évidemment non. Si la contrepassation était refusée au récepteur, le remettant réaliserait un gain, il serait exonéré des risques ; le récepteur cherche à se couvrir, à rentrer dans ses débours en recourant, quoique par des actions différentes, contre ses divers garants, il cherche à éviter un dommage injuste, à ne pas supporter une dette qu'il ne doit pas.

Pour atteindre ce but, il invoque un contrat régulier et valable, il use d'une clause qui a été introduite dans son intérêt, il le peut, car son droit de garantie n'est pas éteint (Cass., 5 février 1861, D. 61.1.313).

TROISIÈME CAS. — C'est toujours le remettant qui est en faillite, mais le récepteur a négocié. Si le tiers porteur recourt immédiatement contre le récepteur, et que celui-ci, mis en demeure, paie, il pourra assurément contrepasser. Il a bien, en négociant, reçu le montant de la valeur, mais il ne faut pas en conclure que le crédit, qu'il a donné au remettant, ait été de ce fait consolidé et soit devenu définitif ; le crédit, on l'a vu, est affecté d'une condition résolutoire, la négociation de l'effet n'en modifie pas la nature, elle est sans influence. Il en est de même de l'encaissement, le fait de recevoir une somme qu'on peut être tenu de rembourser n'est pas un véritable encaissement ; si l'effet n'est pas payé et si le récepteur est poursuivi, il devra restituer ce qu'il aura reçu, l'effet lui sera remis et il se retrouvera dans la situation qu'il avait avant la négociation (1). Les seules objections, qui aient été faites contre cette solution, sont basées sur l'état de faillite du remettant, nous y avons déjà répondu.

Mais si le tiers porteur produit d'abord à la faillite du remettant, y obtient un dividende et recourt ensuite pour le surplus contre le récepteur, celui-ci pourra-t-il contrepasser la somme qu'il aura dû ainsi rembourser ? Sortons des abstractions et prenons des faits : Secundus a remis en compte courant à Tertius, son banquier, un effet de 1.000 francs ; Tertius a négocié l'effet à Quartus et en a encaissé le montant. A l'échéance Secundus est en faillite, l'effet naturellement n'est pas payé, Quartus produit à la faillite de Secundus, reçoit un dividende de 5 0/0, soit 50 francs, et réclame le surplus, c'est-à-dire 950 francs, à Tertius qui paie. Tertius, qui a restitué ces 950 francs, pourra-t-il les contrepasser dans son compte courant avec Secundus, son remettant ?

Oui, répondent MM. Da, Helbronner et Feitu. Un débiteur, disent-ils, ne doit sans doute payer qu'une fois sa dette, et la faillite du remettant s'est acquittée au regard du tiers porteur, mais lorsque le récepteur Tertius contrepasse, il n'agit pas comme créancier de son remettant Secundus, ce n'est pas en somme une action qu'il exerce, il se soustrait au contraire à une

_____

(1) Conf., Helbronner, n° 66 ; Feitu, n° 161 ; Da, n° 104. Cass. req., 25 juin 1862, S. 62.1.975. — *Contrà*, Massé, t. V, n° 391 *bis.*

action, il ne dit pas au remettant : « Vous êtes mon débiteur », il lui dit simplement : « Je ne suis pas votre
débiteur », c'est une exception. C'est comme endosseur
que Secundus a payé à Quartus, et le paiement qu'il a
fait à ce titre ne le dégage pas des liens du contrat de
compte courant intervenu entre lui et Tertius. Comme
remettant il avait subordonné, encore une fois, son crédit à la réalité de la valeur remise, cette valeur n'a été
réalisée que pour partie, il y aura donc lieu à contrepassation pour l'autre partie. L'exercice par Quartus
de ses droits de porteur à l'encontre de Secundus et
l'exercice par Tertius de ses droits de correspondant à
l'encontre du même Secundus, sont deux faits distincts
indépendants, sans influence l'un sur l'autre. De ce
que le remettant Secundus, qui a admis à son passif,
ne peut plus être poursuivi par personne, il n'en résulte
pas que la contrepassation ne puisse avoir lieu et que le
récepteur doive être maintenu débiteur d'une valeur
qu'il n'a pas réellement reçue. Ces auteurs n'envisagent
la question qu'au point de vue du récepteur : oui ou
non a-t-il encaissé la valeur ? Si oui, il n'a pas de raison
de contrepasser ; si non, il y a lieu à contrepassation ;
enfin si l'encaissement a été partiel, la contrepassation
sera partielle.

Cette distinction entre l'action et l'exception est sub-
tile et, malgré un arrêt de Cassation du 18 août 1852
(S. 52.1.613) et un autre arrêt de la Cour de Bordeaux
du 3 janvier 1860 (*J. du Pal.*, 1860, p. 1134) qui confir-

ment ce système, nous répondrons que le récepteur n'a pas en cette circonstance le droit de contrepasser. En ce sens, Bordeaux, 28 juillet 1890, *J. des faill.*, 1891, p. 215.

Il importe en effet d'examiner également la question au point de vue du remettant, de Secundus. Lorsque celui-ci a payé, même en monnaie de faillite, l'effet en totalité, le récepteur ne saurait prétendre que de la part du remettant il n'y a pas eu paiement. Si donc Quartus, le tiers porteur, a produit et a été admis à la faillite de Secundus pour 1.000 francs, Secundus a payé la totalité de sa dette ; il n'a payé, il est vrai, qu'en monnaie de faillite, il n'a donné qu'un dividende, mais il n'en a pas moins payé ; or tout débiteur ne saurait être contraint de payer deux fois la même dette, toute faillite ne saurait être tenue d'admettre deux fois à son passif la même créance, l'article 543 du Code de commerce s'y oppose ; il s'ensuit à l'égard de Tertius, le récepteur, que le montant de l'effet, ayant été payé par Secundus, doit être définitivement passé au crédit de ce dernier. C'est assurément une situation malheureuse pour Tertius, qui est obligé de restituer 950 francs au tiers porteur ; mais c'est la conséquence de la position qu'il s'est faite en employant l'effet, qu'on lui avait remis, comme base d'une nouvelle opération pour son compte.

Par l'intermédiaire de son cessionnaire, le tiers porteur, le récepteur a une première fois produit pour la totalité à la faillite du remettant, il a été payé pour le tout en monnaie de dividende, la faillite ne lui doit plus rien, son action en garantie est épuisée et dès lors son prétendu droit de contrepasser ne repose plus sur rien.

Il semblerait qu'il y eût plus de difficultés si le tiers porteur avait simultanément produit à la faillite du remettant et poursuivi le récepteur, mais ces difficultés sont facilement résolues par l'application des règles précédentes. Si le récepteur paie, il ne fait qu'exécuter l'obligation qu'il a contractée en négociant lui-même l'effet, que le tiers porteur sera tenu de lui restituer ; mais cet effet, qui lui a été remis par son correspondant, se trouve n'avoir pas été réellement encaissé, le remettant n'a pas rempli son obligation de garantie, il y aura lieu à contrepassation, le crédit qui lui a été donné doit être annulé, la condition prévue ne s'est pas réalisée. On ne pourra pas objecter alors que la faillite paie deux fois la même créance : Quartus le tiers porteur, nous l'avons dit, recevant du récepteur Tertius paiement de l'effet, devra lui remettre cet effet qu'il avait joint à sa production à la faillite du remettant Secundus. Dans ces conditions, sa production à la faillite ne saurait être maintenue et admise, la créance ne figurera pas à la faillite du chef de Quartus (1).

(1) Nous avons supposé, bien entendu, le paiement fait avant l'affirmation et l'admission de la créance à la faillite, car si le récepteur ne payait qu'après l'admission du tiers porteur au passif de la faillite du remettant, il ne pourrait plus contrepasser, l'admission suivie d'affirmation équivaut à un contrat judiciaire, elle est irrévocable (Cass.,

Si au contraire la faillite du remettant paie d'abord son dividende, elle aura rempli l'obligation de garantie et le récepteur, obligé de payer le surplus, ne pourra pas contrepasser.

On voit que, suivant que le paiement est effectué d'abord par le récepteur ou par la faillite du remettant, il y a lieu ou non à contrepassation.

Enfin le récepteur ayant négocié, le tiers porteur pourrait s'être adressé tout d'abord non plus au récepteur ou au remettant, mais à un signataire antérieur au remettant. Si ce signataire est en faillite et ne paie qu'un dividende et que le tiers porteur recoure ensuite contre le récepteur, celui-ci pourra-t-il contrepasser ?

Cette hypothèse peut être assimilée à celle où le tiers porteur avait recouru d'abord contre le récepteur, nous la résoudrons dans le même sens et par les mêmes motifs ; nous dirons que le récepteur pourra contrepasser l'excédent de la créance qu'il a dû rembourser au porteur, parce qu'il n'aura encaissé en réalité qu'une partie du crédit qu'il a donné au remettant, que son recours en garantie existe pour le surplus et que le remettant ne s'est pas encore acquitté.

---

16 janvier 1860, S. 60.1.273 ; Cass., 19 mai 1879, S. 79.1.271 ; Cass., 8 mars 1882, D. 82.1.405.— Camberlin, *Manuel*, p. 433). Le récepteur n'aurait plus que la ressource d'agir comme porteur, de prendre part aux répartitions de la faillite comme subrogé légalement aux droits du tiers porteur.

II. — *Les deux correspondants sont en faillite.*

En supposant la faillite des deux correspondants on peut compliquer les questions, mais les solutions resteront les mêmes, la faillite ne modifie pas les contrats.

*Première hypothèse.* — Si le syndic du récepteur ne juge pas à propos de recourir contre les signataires antérieurs'au remettant, ou si le remettant est le souscripteur même de l'effet, le syndic du récepteur pourra-t-il contrepasser l'effet impayé à l'échéance ?

Assurément, tous les auteurs l'admettent. Le contrat de compte courant a été régulièrement formé, il doit être exécuté par les faillites des correspondants, comme il l'aurait été par les correspondants *in bonis*.

*Seconde hypothèse.* — Si le syndic du récepteur s'adresse aux signataires antérieurs au remettant et n'obtient d'eux qu'un paiement partiel, pourra-t-il contrepasser l'excédent ?

Oui ; le récepteur ou, pour lui, sa faillite, a fait toutes diligences, il a exercé tous ses droits et a touché tout ce que l'effet lui permettait de toucher, le crédit du remettant sera maintenu à concurrence de la somme encaissée, mais pour le surplus il est sans cause, le syndic du récepteur pourra faire une contrepassation partielle.

*Troisième hypothèse.* — Le récepteur, avant la déclaration de sa faillite, a négocié l'effet ; le tiers porteur, après avoir obtenu un dividende de la faillite du remettant, recourt contre le récepteur et produit à sa faillite.

Que devient le droit de contrepassation? Grave est la controverse.

1º M. Dietz reconnaît au récepteur le droit de contrepasser, mais il le subordonne à la condition d'avoir rétabli les choses dans leur ancien état. L'article 543, selon lui, n'est pas applicable en l'espèce, puisque le récepteur n'agit pas comme porteur ; « l'envoyeur dira au récepteur : vous ne pouvez pas contrepasser, parce que vous ne pouvez pas remettre les choses en l'état où elles seraient si je ne vous avais pas transmis l'effet. Un tiers porteur, agissant en votre lieu et place, m'a réclamé le montant intégral de la traite et j'ai dû lui payer un dividende sur ce montant. Si vous voulez contrepasser, il faut d'abord me restituer ce que j'ai payé au tiers par votre fait. Le récepteur doit choisir et ne peut cumuler. S'il opte pour la contrepassation, il doit rendre au remettant ce qu'il a fait perdre à celui-ci en prenant momentanément la qualité de porteur ».

Cette théorie n'est pas nouvelle, nous l'avons déjà exposée dans l'une des précédentes hypothèses et nous l'avons réfutée, nous n'insisterons pas.

2º M. Feitu reproche à M. Dietz de n'envisager la contrepassation et ses conséquences qu'au point de vue du remettant et d'oublier que ce n'est pas dans son intérêt que la clause de *sauf encaissement* a été introduite. Pour lui il s'agit de savoir ce que vaut l'effet non pour le remettant, mais pour le récepteur ; le récepteur a négocié l'effet, il en a encaissé le mon-

tant, plus tard il a dû rembourser une partie de cet encaissement par suite de la production du tiers porteur,
la différence entre ce qu'il a encaissé et ce qu'il a
remboursé constitue son bénéfice, l'effet ne vaut qu'à
concurrence de ce bénéfice dont le crédit doit être
l'équivalent. Le surplus, autrement dit le dividende
payé au tiers porteur, n'a pas été réellement encaissé
par le récepteur et par suite pourra être retranché du
crédit, c'est-à-dire contrepassé. Cette théorie a été
appliquée par plusieurs cours et tribunaux : Nancy,
10 décembre 1842, D. 43.2.46 ; Bordeaux, 3 janvier
1860, Le Hir, 1860, p. 373 ; Trib. com. Marseille,
5 novembre 1858, *J. du trib. de Marseille*, t. XXXVII,
I, p. 115. L'encaissement, en somme, c'est le paiement
intégral, et le crédit donné au remettant ne doit être
maintenu que dans la proportion où l'effet remis profite
au récepteur, que pour tout ce que le récepteur ne rend
pas effectivement.

3° Cette manière de voir, dit M. Da, manque de jus-
tesse. La négociation est, au regard du remettant,
*res inter alios acta* et ne le concerne pas, c'est comme
propriétaire de l'effet, et non comme mandataire du
remettant, que le récepteur a négocié, il ne lui doit
donc pas compte de cette négociation. Pour M. Da, le
récepteur ne doit compte au remettant que de la valeur
de l'effet au moment de la remise, valeur qui, dans l'espèce, dépend du dividende que donnera la faillite du
remettant. Cette valeur seulement doit être maintenue

au crédit, l'excédent devra être annulé. La négociation de l'effet par le récepteur est sans influence, il n'y a pas à considérer le prix de cette négociation non plus que le dividende restitué par la faillite du récepteur, la différence entre ces deux éléments constitue bien un bénéfice pour le récepteur, mais ce bénéfice résulte de la faillite et non de la remise qui lui a été faite, il le réalise au détriment du tiers porteur et non du remettant. Pour le remettant, tout compte entre le récepteur et le tiers porteur est, encore une fois, *res inter alios acta*.

Le système de M. Da aboutit à des conséquences absolument différentes de celles des systèmes de M. Feitu et de M. Dietz. Si l'un et les autres s'accordent à reconnaître au récepteur le droit de contrepasser, ils diffèrent totalement d'opinion quant à la somme pour laquelle le récepteur pourra contrepasser.

Un exemple fera mieux ressortir la différence qui existe entre ces divers systèmes : Primus a remis à Secundus en compte courant un effet de 1.000 francs, Secundus a négocié cet effet à Tertius. Primus et Secundus sont en faillite et Tertius, tiers porteur, a produit aux deux faillites qui ont donné chacune un dividende de 5 0/0, c'est-à-dire 50 francs.

D'après M. Dietz, le récepteur Secundus devra, pour contrepasser, restituer préalablement à Primus, son remettant, les 50 francs de dividende que Tertius, son cessionnaire, aura reçus de la faillite de Primus, et il contrepassera ensuite le montant total de l'effet, soit 1.000 francs.

Suivant le système de M. Feitu, Secundus a encaissé, en négociant, 1.000 francs, et il a remis à titre de dividende 50 francs à Tertius, il a donc reçu en réalité 950 francs, il contrepassera l'excédent, c'est-à-dire 50 francs, sans faire aucune restitution à Primus.

Enfin d'après M. Da, Primus le remettant a reçu de Secundus, son correspondant, un crédit de 1.000 francs, il n'a payé en réalité que 50 francs, le crédit est sans cause pour le surplus, il devra subir la contrepassation à concurrence de 950 francs.

M. Feitu considère ce que reçoit le récepteur, M. Da considère au contraire ce que paie le remettant. En appliquant le système de M. Feitu, on permet au remettant de réaliser un bénéfice de 900 francs, puisque son crédit est maintenu à concurrence de 950 francs, alors qu'en réalité il n'a payé que 50 francs. En appliquant celui de M. Da, c'est le récepteur qui réalise le bénéfice de 900 francs, puisque son compte ne reste définitivement débité au profit du remettant qu'à concurrence de 50 francs, alors qu'en réalité il a reçu 1.000 francs moins 50 francs, c'est-à-dire 950 francs (1).

A un bénéfice correspond une perte, dans l'espèce la perte corrélative à ce bénéfice de 900 francs réalisé soit par le remettant, soit par le récepteur, est supportée par le tiers porteur qui, créancier de 1.000 francs, n'a

---

(1) C'est contraire aux principes de comptabilité d'après lesquels on doit être débité de ce qu'on reçoit et crédité de ce qu'on donne.

reçu que 100 francs. La singularité de cette situation est une conséquence de la faillite.

4° Pour nous, qui ne considérons la contrepassation que comme une des formes de l'action en garantie, nous refuserons purement et simplement au récepteur le droit de contrepasser quelque somme que ce soit.

La faillite du remettant était garante du paiement de l'effet, cet effet a été produit pour la totalité, il a été admis, la faillite est libérée, elle a rempli son obligation de garantie.

Reconnaître au récepteur le droit de contrepasser serait soumettre la faillite du remettant à l'exercice d'un second recours en garantie à l'occasion de la même créance.

Au reste, si nous envisageons maintenant la contrepassation non plus au point de vue passif, au point de vue de celui qui la subit, mais au point de vue actif, au point de vue de celui qui l'opère, le refus de contrepasser ne sera pas moins justifié. Ce que nous avons dit du récepteur *in bonis* s'applique aussi bien au récepteur en faillite : par l'intermédiaire de son cessionnaire, Tertius, le récepteur, Secundus, a exercé déjà son recours contre la faillite de Primus, il ne peut pas réitérer, son droit est épuisé, il est éteint.

C'est l'application de l'article 543 du Code de commerce d'après lequel aucun recours, pour raison des dividendes payés, n'est ouvert aux faillites des coobligés les unes contre les autres, et contrepasser l'effet vis-à-

vis de la faillite du remettant, après avoir payé un dividende au tiers porteur, serait de la part du récepteur
violer l'article 543.

Le crédit du remettant étant maintenu pour la totalité, le dividende payé par le récepteur au tiers porteur
sera perdu pour lui, en d'autres termes le récepteur
aura payé deux fois : une première fois au remettant en
lui donnant crédit, une seconde fois au tiers porteur en
l'admettant au passif de sa faillite. C'est vrai, mais le
récepteur a agi en connaissance de cause : en négociant
l'effet il connaissait les risques qu'il allait courir, il savait que son cessionnaire, substitué à lui comme propriétaire de l'effet, pourrait exercer en ses lieu et place
son recours en garantie contre la faillite du remettant ;
il ne tenait qu'à lui, en conservant l'effet, de conjurer
le danger dont il est aujourd'hui victime.

A l'appui de notre système qui ne reconnaît pas au
récepteur le droit de contrepasser, un arrêt de la Cour
de Nîmes du 4 mars 1847 (S. 48.1.258) et un autre de
la Cour de cassation du 15 mars 1848 avaient tiré argument de ce fait que le tiers porteur n'étant pas intégralement désintéressé, le récepteur se trouverait dans
l'impossibilité de restituer au remettant l'effet contrepassé ; quant à nous, nous estimons que cette restitution n'est pas obligatoire et nous aurons bientôt à nous
expliquer sur ce point.

La contrepassation, on l'a vu, permet au récepteur

de réparer le dommage que lui cause le défaut d'encaissement, elle est une des formes sous lesquelles s'exerce le recours en garantie de l'article 164 du Code de commerce à l'égard de l'un des coobligés solidaires. Par suite, la contrepassation doit être précédée de diligences de la part du récepteur pour arriver à paiement, et elle ne devient légitime que lorsque ces diligences sont restées sans résultat. Le récepteur devra donc, conformément aux articles 161 et 162 du Code de commerce, exiger le paiement de l'effet au jour de l'échéance et, en cas de non paiement, le faire constater le lendemain de l'échéance par un protêt. Le protêt à l'échéance ne fait que réaliser une condition de l'obligation initiale de garantie.

En vain objecterait-on que le récepteur, qui contrepasse, n'agit pas comme porteur et ne saurait dès lors être astreint aux devoirs d'un porteur. Si, au regard du remettant, le récepteur agit comme correspondant en compte courant, au regard des endosseurs antérieurs, il ne peut avoir qu'une qualité, celle de porteur. C'est en qualité de porteur qu'il agira ensuite contre eux, si on lui reconnaît le droit en certain cas de conserver les effets contrepassés ; il devra donc se conformer aux prescriptions du paragraphe 2 du titre VIII, livre I du Code de commerce. Si, au contraire, on décide que les effets contrepassés doivent toujours être remis au remettant, celui-ci ne pourra se prévaloir à l'encontre des signataires antérieurs que de la qualité de porteur, et dès lors il importera de lui réserver tous les droits qui compètent au porteur d'effet.

Dans les deux hypothèses, le protêt sera nécessaire pour la conservation de ces droits et la faillite du souscripteur ou du tiré ne dispense pas de l'obligation de protester.

Au surplus, le protêt est encore nécessaire pour constater la mise en demeure et le non paiement, conditions auxquelles est subordonnée la contrepassation. Mais le protêt n'aura pas pour effet, dans l'espèce, de faire courir les intérêts, les intérêts courent en effet en vertu du compte courant à dater de l'échéance de l'effet et non pas seulement à dater du protêt, ainsi que le décide l'article 184 du Code de commerce pour le porteur quelconque d'un effet de commerce (Pau, 10 août 1848 et Cass. Rej., 8 mars 1853, S. 54.1.769).

Si on examine les prescriptions du titre VIII auxquelles, on vient de le voir, il y a lieu de se conformer, on voit que la première formalité à remplir par un porteur d'effet, c'est le protêt, mais tout se borne là, si le porteur obtient paiement. Ce n'est qu'à défaut de paiement que, dans la quinzaine, le porteur devra dénoncer le protêt et assigner. Or, aussitôt après le protêt, le récepteur a un moyen bien simple de se rembourser : il peut annuler le crédit qu'il a donné, il peut contrepasser, il est ainsi désintéressé et il n'a pas à remplir les autres formalités. Le protêt est donc la seule formalité préalable à la contrepassation.

La nécessité de protester est admise en jurisprudence, elle résulte *a contrario* d'un jugement rendu par le tribunal de commerce de la Seine dans une affaire Oswald contre syndic Lanier et Sabroux ; ce jugement décide qu'il ne saurait être fait grief à Oswald de n'avoir pas fait protester, attendu que Coste, le tiré, était en faillite et qu'Oswald a produit à la faillite avant l'échéance (1). Un arrêt de la Cour de Rouen du 4 novembre 1892 (*J. des faill.*, 1893, p. 385) implique également l'obligation pour le récepteur de protester sur les tirés, à moins qu'il n'en ait été dispensé par le remettant, son endosseur. Un arrêt de Nancy du 19 mai 1888 (*J. des faill.*, 1889, p. 236) n'est pas moins formel. Enfin le tribunal de commerce de la Seine, par un jugement du 11 janvier 1890, confirmé par arrêt de la Cour de Paris du 18 juin 1891 (*J. des faill.*, 1891, p. 301), énonce aussi et très expressément que les effets devront être protestés.

Ainsi il ne suffit pas que les valeurs soient échues ou exigibles, il faut encore qu'elles aient été protestées. *A fortiori* le récepteur ne peut-il pas contrepasser, avant l'échéance, des effets qu'il veut faire sortir du compte courant; avant ce moment, en effet, nul ne peut affirmer qu'il n'y aura pas encaissement.

Ce n'est qu'au jour de l'échéance que le paiement pourra être constaté et que la contrepassation pourra

---

(1) Une production à faillite constitue une demande en justice et supplée au protêt.

être faite, les événements divers qui surviendraient entre l'entrée en compte et l'échéance seront sans influence; la survenance de la faillite du remettant notamment n'autorisera pas le récepteur à contrepasser immédiatement des effets qui ne seraient pas encore à échéance. Cette faillite ne saurait non plus faire obstacle au droit de contrepasser. Il importe peu que l'échéance de l'effet se place à une époque antérieure ou postérieure au jugement déclaratif; si l'effet n'est pas encaissé lors de son échéance, il peut être contrepassé. Nous avons vu en effet que la contrepassation n'était pas une opération nouvelle, qu'elle constatait seulement l'annulation rétroactive d'une opération antérieure par suite d'une condition résolutoire qui venait à s'accomplir.

Et à ce sujet nous ne pouvons pas passer sous silence une théorie aussi singulière que nouvelle, émise par le tribunal de commerce de la Seine dans un jugement du 11 janvier 1890 : ce jugement a décidé que, le compte courant étant définitivement clos, les effets impayés échus postérieurement au jugement déclaratif ne pouvaient pas être contrepassés et constataient de nouveaux titres de créance devant subir les formalités ordinaires. La Cour de Paris, saisie de l'appel de ce jugement, a, par l'arrêt déjà cité du 18 juin 1891, confirmé cette disposition.

D'après ce système, il n'y aurait donc plus aucune assimilation possible entre les effets échus et impayés

avant la déclaration de faillite et ceux revenant impayés
après cette date ; pour les premiers, le récepteur pourrait
*ad libitum* ou contrepasser, ou produire comme porteur ;
pour les seconds qui, n'étant pas échus, n'ont pu être contrepassés avant la faillite, le récepteur ne pourrait plus
les contrepasser même à leur échéance, le compte courant étant devenu invariable par suite de la déclaration
de faillite.

Le récepteur n'aurait donc plus à attendre l'échéance
des effets remis en compte courant, il arrêterait irrévocablement son compte au jour de la déclaration de
faillite et produirait de suite pour le solde en sa faveur.
Quant aux effets non encore échus lors du jugement
déclaratif, il ne pourrait agir que comme tiers porteur,
c'est-à-dire produire ceux qu'il a en portefeuille sans
attendre leur échéance (art. 444, C. comm.). En effet,
le porteur d'un effet de commerce étant créancier des
endosseurs du jour où l'effet lui a été endossé et non
pas seulement du jour du protêt, auquel est subordonné
son recours, il en résulte que, si l'un de ces endosseurs
tombe en faillite avant l'échéance de l'effet, le porteur
peut produire à la faillite sa créance éventuelle (Cass.
civ., 18 août 1851, D. P. 51.1.236, J. G. *Faillite*,
n° 258).

La jurisprudence n'avait jusqu'alors fait aucune distinction entre les effets dont l'échéance était antérieure
et ceux dont l'échéance était postérieure à la déclaration.
Pour les uns et les autres elle avait admis la contrepas-

sation, les conditions intervenues antérieurement à la
faillite recevaient même ultérieurement leur application, et des crédits sans cause pouvaient ainsi disparaître
du compte *non ex causa nova*, mais *ex causa antiqua*.
Seuls ces jugements et arrêt ont établi la distinction :
pour les premiers, dont l'échéance est arrivée avant la
déclaration et dont le non paiement a été constaté à cette
époque, ils admettent la contrepassation, il n'y aurait pas
dans ce cas de dérogation même apparente aux règles
ordinaires ; si la contrepassation n'a pas encore été faite
effectivement, c'est que les écritures ne sont pas à jour,
mais la contrepassation s'est produite en droit avant la
déclaration, et il ne s'agit plus que de mettre la comptabilité au point. Le compte proprement dit, qui est
dressé, n'est pas en effet de l'essence même du contrat
de compte courant, ce contrat est purement consensuel,
il existe pour ainsi dire d'une façon abstraite, indépen-
damment de tout écrit, qui n'est exigé qu'*ad probationem*
et non *ad solemnitatem*.

Pour les seconds au contraire, c'est-à-dire pour ceux
échus postérieurement au jugement déclaratif, ces deux
décisions dénient le droit de contrepasser.

Cette opinion est contraire à la doctrine : MM. Massé,
*Droit commercial*. n° 2308 ; Helbronner, *Du compte courant*, n° 68 ; Da, *Du compte courant*, n° 99 ; Clément,
*Étude sur le compte courant*, n° 61 ; Boistel, *Droit commercial*, n° 883, reconnaissent tous au récepteur le droit
de contrepasser les effets impayés même après la fail-

lite. Elle est aussi contraire à la jurisprudence : Dijon,
8 juillet 1890, D. 91.2.330. — *J. G.*, *Supplément.
Compte courant*, n° 33. — Nancy, 3 mars 1885, D. 86.2.
144. — Cass. civ., 9 mai 1892, D. 93.1.477.

Ce jugement du tribunal de commerce de la Seine et
cet arrêt de Paris, dont nous contestons la valeur juridique, posent en principe que contrepasser avant l'é-
chéance serait rendre vaine la clause *sauf encaissement*,
qu'on ne peut avant l'échéance dire si la condition
d'encaissement sera ou non remplie ; ces considérations
sont assurément fort justes, le non paiement avant l'é-
chéance est un fait normal sans influence sur l'entrée
en compte d'un effet, aussi bien nous ne reconnaissons
pas au récepteur le droit de contrepasser *de plano*,
sans attendre les échéances et par le fait seul de la
faillite de l'un des endosseurs, son correspondant, les
effets qui lui auront été remis en compte courant.

Mais si nous sommes d'accord sur le principe, des
divergences existent quant aux conséquences. Le jugement et l'arrêt concluent que la contrepassation ne
pourra plus avoir lieu après la déclaration de faillite.
Pourquoi ? Rien ne justifie la rigueur de cette déduction.
Est-ce que des effets ne pourront pas venir à échéance
postérieurement à la déclaration de faillite, mais antérieurement à la production ? Ce ne sont pas les principes, sur lesquels s'appuient ces décisions, qui feront
obstacle à leur contrepassation, s'ils ne sont pas payés à
l'échéance. Si même d'autres effets reviennent impayés

postérieurement à la production, mais avant l'admission définitive de la créance du solde, sur quoi se basera-t-on pour refuser au récepteur le droit de modifier sa production, d'augmenter le solde primitif du montant des effets impayés ?

Nous reconnaissons donc au récepteur, ce qui est généralement admis, le droit de contrepasser, au fur et à mesure des échéances, les effets qui reviennent impayés postérieurement à la déclaration de faillite, et nous lui reconnaissons ce droit jusqu'au jour de l'admission définitive de sa créance, c'est-à-dire jusqu'au jour de l'admission suivie d'affirmation. Après cette admission qui est irrévocable (Cass. req., 10 mai 1898, *J. des Faill.*, 1898, p. 291), le récepteur n'a plus que la ressource de produire comme tiers porteur. Cette circonstance se présentera rarement : les usages du commerce n'admettent à l'escompte que des effets à trois mois au plus et, en fait, bien peu d'affirmations sont clôturées avant un délai de trois mois du jour du jugement déclaratif.

En somme nous dirons que le règlement définitif du compte sera suspendu jusqu'à ce qu'on soit fixé sur le sort des effets ou, tout au moins, jusqu'à l'admission définitive. Sans doute, comme le disent les décisions attaquées, le compte courant doit être arrêté au jour du jugement déclaratif, mais cela veut dire seulement qu'on n'y portera plus aucune opération nouvelle postérieure à cette date, cela ne signifie pas que les arti-

cles, qui le composent, ne pourront pas être modifiés
par la réalisation ultérieure d'une condition préexis-
tante et sous laquelle ils sont entrés dans le compte.

D'autre part, les juges du premier degré observent
dans leur jugement, confirmé par la Cour, que la jurisprudence de la Cour de cassation ne fait que sanctionner
le droit du créditeur de contrepasser au jour de l'arrêté
de compte les effets impayés à ce moment, mais ne parle
pas des effets non encore échus. La décision, à laquelle
il est fait allusion, est un arrêt de la Cour de cassation
du 19 novembre 1888 (*J. des Faill.*, 1889, p. 177) ; cet
arrêt a décidé en principe que la créance était établie
au jour du jugement déclaratif par la balance du compte
courant rectifiée par le report du débit au crédit des
effets non payés.

L'espèce, qui était alors soumise à la Cour, ne com-
prenait que des effets arrivés à échéance antérieurement à la déclaration de faillite, la Cour ne pouvait pas
statuer *ultra petita*, elle ne pouvait pas davantage procéder par voie de réglementation générale, elle n'avait
pas à parler des effets ne venant à échéance que postérieurement au jugement déclaratif, et on ne saurait aujourd'hui arguer de son silence à cet égard. Les termes
de cet arrêt ne sont nullement limitatifs et rien, dans
ses motifs ou dans son dispositif, ne révèle l'intention
de restreindre la faculté de contrepasser au cas précis
qui lui était soumis, c'est-à-dire au cas de non paiement antérieur à la faillite.

Nous ne reviendrons pas sur la question de savoir si, en droit, la faillite ne fait pas obstacle à la contrepassation. C'est une question que nous avons examinée sous le paragraphe 2, nous nous bornons à y renvoyer le lecteur.

Nous nous sommes attaché exclusivement à discuter les motifs invoqués à l'appui des deux décisions précitées, nous avons vu que, s'ils étaient assez explicites pour permettre de réfuter la prétention du récepteur de contrepasser immédiatement sans attendre les échéances, ils étaient insuffisants pour justifier l'interdiction absolue, qu'édictent ces deux décisions, de contrepasser après la faillite.

Nous ferons remarquer, en terminant, les conséquences de ce système, la situation singulière qu'il peut créer au récepteur.

Dans l'espèce soumise au tribunal et à la cour, le récepteur était créditeur, avant même la contrepassation des effets venant à échéance à une date postérieure au jugement déclaratif, il importait donc peu que le récepteur produisît pour le solde en sa faveur au jour de la déclaration de faillite, augmenté du montant des effets revenus impayés depuis cette déclaration de faillite, ou qu'il produisît d'abord, en tant que créditeur en compte courant, pour le solde au jour du jugement déclaratif et ensuite, en tant que porteur, pour le montant des effets revenus impayés depuis la faillite. Je suis créditeur, par exemple, en compte courant de 10.000 francs,

lorsque mon remettant est déclaré en faillite, mais j'ai
5.000 francs d'effets qui ne sont pas encore échus, plus
tard ils reviennent impayés, produirai-je comme créditeur d'un solde de 10.000 + 5.000 francs, c'est-à-dire
de 15.000 francs ? ou produirai-je d'abord comme
créditeur d'un solde de 10.000 francs, puis comme
porteur pour 5.000 francs ?

La question est sans intérêt, c'est ce qui explique
probablement pourquoi les décisions, dont nous nous
occupons, n'ont pas été soumises à la Cour de cassation,
leur doctrine ne modifiait pas le chiffre de la production
du récepteur, ni par suite celui du dividende devant lui
revenir.

Mais si, au contraire, le compte se soldait au moment
de la faillite en faveur du remettant, la situation du
récepteur serait gravement modifiée, l'intérêt de la
question serait évident. Primus et Secundus sont en
compte courant, Primus le remettant est, nous le sup-
posons, créditeur, au moment de sa faillite, d'un solde
de compte courant de 10.000 francs, mais tous les effets
qu'il a remis ne sont pas encore échus, certains à
l'échéance reviennent impayés, ces impayés s'élèvent à
6.000 francs. Si Secundus peut contrepasser cette
somme de 6.000 francs, il n'aura à payer à la faillite de
Primus que 10.000 — 6.000, soit 4.000 francs, il ne
subira aucune perte. Mais, si le système du tribunal de
commerce de la Seine était appliqué, on lui refuserait
le droit de contrepasser ; débiteur alors d'un solde de

compte courant de 10.000 francs, il devrait les verser intégralement à la faillite de Primus, et, d'autre part, porteur d'effets impayés, il produirait chirographairement pour leur montant, c'est-à-dire pour 6.000 francs, à la faillite de son remettant et recevrait un dividende. Si la faillite donne 10 0/0, il recevrait 600 francs. Il aurait donc payé d'une part 10.000 francs, reçu d'autre part 600 francs, il aurait laissé à la faillite 9.400 francs, tandis que dans le premier système il n'avait eu à payer que 4.000 francs ; l'application du second système lui fait perdre 5.400 francs.

Quelque isolée que fût cette jurisprudence, quelque antijuridique qu'elle nous semblât, elle n'en avait pas moins ouvert une controverse sur un point qui paraissait fixé, elle n'en avait pas moins donné lieu à une dualité d'interprétation regrettable, et nous souhaitions voir cette question soumise à la Cour de cassation, lorsque le tribunal de commerce de la Seine est revenu spontanément sur sa jurisprudence de 1890 et s'est rallié à l'opinion générale que nous avons soutenue. Par jugement du 28 avril 1897, ce tribunal a en effet décidé qu'il était de règle en matière de compte courant que les valeurs ne fussent portées au crédit du remettant que sous la condition expresse ou tacite de *sauf encaissement*, soit sous une condition résolutoire permettant le report de ces valeurs du crédit au débit en cas de non paiement à l'échéance ; que si la faillite ou la liquidation judiciaire arrêtaient le compte courant, elles ne supprimaient pas cette clause essentielle, qu'elles avaient seulement pour effet d'empêcher dès alors l'entrée au compte d'aucun élément nouveau et que si postérieurement, à raison du non paiement à l'échéance d'une ou de plusieurs valeurs, un contrepassement modifiait le solde arrêté au jour de la faillite, cette modification ne procédait pas d'une cause nouvelle, mais procédait du fonctionnement nécessaire du compte en vertu de la stipulation *sauf encaissement* (*J. des Faill.*, 1897, p. 313).

Cette décision n'est pas la seule, la question s'est de nouveau présentée devant la même juridiction le 28 juin 1897 et le tribunal l'a encore résolue dans le même sens, il a nettement reconnu au récepteur le droit de contrepasser les effets venant à échéance postérieurement au jugement déclaratif. Nous pouvons donc dire que toute divergence a cessé, que l'unité est rétablie et que cette solution est aujourd'hui universellement admise.

# CHAPITRE V

Nous avons étudié le droit de contrepasser, nous supposerons maintenant que le récepteur l'a exercé et nous rechercherons quels droits il peut avoir ensuite sur les effets contrepassés.

Des effets reviennent impayés à l'échéance, d'autre part le remettant, simple endosseur, est en faillite : le récepteur usera ou n'usera pas de la faculté de contrepasser. S'il ne contrepasse pas et produit comme porteur à la faillite de *Primus*, c'est le droit commun qui lui est applicable. La faillite donne-t-elle 100 pour 100, il doit restituer la traite. Les créanciers au contraire ne sont-ils pas intégralement payés, il a intérêt à conserver entre ses mains la traite, elle lui servira de titre pour exercer contre les autres obligés au titre le complément de son recours en garantie, c'est-à-dire pour poursuivre le paiement de la partie de la traite qu'il n'a pu recevoir de la faillite de son remettant. Ces principes indiscutables, si le récepteur a agi comme porteur, seront-ils applicables au cas où au contraire il aura préféré contrepasser ? Telle est la question, elle a donné lieu à une grave controverse. Avant d'en aborder l'examen, il importe de déterminer les circonstances desquelles pourra résulter la contrepassation, les cas dans lesquels on pourra dire qu'il y a eu contrepassation et contrepassation définitive, irrévocable. Le récepteur ne pourra plus, par exemple, se prévaloir de la clause *sauf encaissement*, s'il est établi qu'il a entendu y renoncer, ou inversement renoncer à cette clause, s'il est établi qu'il a entendu en invoquer le bénéfice (*J. du Pal.*, 1850, p. 609, note sous Paris, 28 février 1850).

De quels actes induira-t-on ce caractère définitif et irrévocable de la contrepassation? C'est là une question de fait.

Le récepteur, après le non paiement des effets, opère la contrepassation sur ses livres. On ne peut pas dire qu'il y ait eu contrepassation définitive ; cette inscription opérée sur les livres du récepteur ne constitue qu'une opération de comptabilité, une opération intérieure, un simple projet du récepteur, du moins un fait inconnu de son correspondant.

Cette opération, ce projet ne peuvent être opposés au remettant et lui-même ne peut s'en prévaloir, tant qu'ils ne lui auront pas été soumis, tant qu'il ne les aura pas acceptés, qu'il n'y aura pas eu consentement (*cum sentire*), concours des deux volontés. Jusque là le remettant peut contester la contrepassation, il peut établir, par exemple, que le récepteur est en faute, qu'il n'a pas fait à l'échéance les diligences nécessaires pour obtenir l'encaissement de l'effet.

Le récepteur, au contraire, avise-t-il le remettant de la contrepassation qu'il fait ? Il sera rationnel d'admettre que celui-ci, s'il ne proteste pas, l'accepte, et par cette acceptation, tacite généralement, la contrepassation devient irrévocable (Dalloz, *Compte courant*, n° 28 ; Da, n° 111 ; Boistel, n° 883 ; Clément, n° 82).

Ce principe étant posé, l'application en est facile.

Un récepteur contrepasse sur ses livres, puis retourne à son correspondant, qu'il croit encore solvable, les effets impayés, mais celui-ci a déposé son bilan et a disparu de son domicile. La Cour de Rennes, par un arrêt du 23 décembre 1861 (*J. du Pal.*, 1862, p. 79), a décidé avec raison que la contrepassation n'était pas irrévocable, que le récepteur pouvait revenir sur sa décision et revendiquer par suite les effets retournés au remettant :

« Considérant que ces renvois ont été effectués les
« 14 et 16 mars et ne sont parvenus à Vitré que les 15
« et 17 du même mois ; que, dès le 14, Jamin avait dis-
« paru sans laisser d'autre pouvoir que celui de dépo-
« ser son bilan ; que sa faillite a été déclarée le 18 et
« que, par jugement ultérieur, l'ouverture en a été
« fixée au 14 ; qu'il résulte de là qu'il n'a pu, en fait, ni
« par lui-même, ni par aucune personne habile à le re-
« présenter, accepter le renvoi qui lui était fait et con-
« sommer ainsi définitivement la résolution du contrat
« qui résultait de la remise à lui faite et de l'acceptation
« conditionnelle dont elle avait été suivie. »

Cette opinion est enseignée également par Bravard dans son *Traité des faillites*, p. 524.

La Cour de Rennes aurait pu motiver encore son arrêt par cette considération que le récepteur, au moment de la contrepassation, ignorait que son correspondant fût en faillite ou du moins en état de cessation de paiements (art. 1109, C. civ.). L'erreur du récepteur sur la véritable situation du remettant avait entaché de nullité la décision qu'il avait prise de contrepasser.

Il importe en effet que le récepteur prenne parti en connaissance de cause.

Ainsi dans une espèce, Tilhard c. Despéroux, soumise à la Cour de cassation, Despéroux avait en mains des effets impayés remis par Tilhard, déclaré depuis en faillite, et s'élevant ensemble à 5.646 francs. Ignorant si le compte courant se soldait pour ou contre lui, il produisit à la faillite de Tilhard pour ces 5.646 francs, montant des impayés. Plus tard, quand Despéroux sut qu'il était débiteur lui-même, au jour de la faillite de Tilhard, d'un solde de 1.387 francs, il demanda à contrepasser les 5.646 d'effets impayés. Le syndic prétendit que Despéroux, en produisant, ne s'était reconnu d'autre droit que celui de recevoir un dividende sur ces 5.646 fr., tout en payant intégralement le solde de 1.387 francs qu'il devait lui-même à la faillite, en un mot qu'il avait renoncé définitivement à son droit de contrepasser.

La Cour de cassation, après le tribunal de commerce, rejeta ce moyen et décida que Despéroux avait encore,

malgré sa production, le droit de contrepasser (Cass.,
10 mars 1852, *J. du Pal.*, 1852, p. 363). Dans l'igno-
rance où se trouvait Despéroux de sa situation dans le
compte, il n'avait pu produire qu'éventuellement.

A plus forte raison l'inaction du récepteur ne pour-
rait-elle pas impliquer renonciation au droit de contrepasser (Rennes, 2 mars 1868, *Bull. de la Cour de Rennes*,
1868, p. 344), et l'approbation d'un compte ne saurait-
elle constituer une fin de non recevoir à l'encontre du
récepteur qui demande à contrepasser, lorsque cette
approbation a été donnée antérieurement à l'échéance
des effets litigieux (Com. Seine, 27 septembre 1858).
Le récepteur ne pouvait prendre parti qu'en connaissance de cause, avant l'échéance des effets on ne savait
pas s'ils seraient payés, la condition résolutoire d'encaissement restait sous-entendue dans cette approbation, comme elle l'avait été dans le contrat initial de
compte courant.

Le récepteur ayant exercé définitivement son droit de
contrepasser, quels droits conserve-t-il sur les effets
protestés ?

Et tout d'abord, si le compte courant du récepteur,
malgré la contrepassation, continue à se solder à son
débit, nul doute qu'il ne soit obligé de restituer à la
faillite les effets impayés qu'il a contrepassés et dont
la faillite aura le droit de poursuivre le recouvrement
contre les endosseurs précédents. Dans ce cas, en effet,
le porteur des effets en aura, au moyen de la contre-

passation, obtenu le remboursement intégral. Suppo-
sons, par exemple, qu'avant la contrepassation le récepteur soit débiteur de 50.000 francs, que les effets
vaillent 30.000 francs ; en contrepassant il réduit à
20.000 francs son solde débiteur, et bénéficie ainsi
d'une somme de 30.000 francs dont il se trouve complètement libéré, sans que la faillite du remettant lui
cause un préjudice quelconque. Libéré d'une somme
égale au montant des effets impayés, il a obtenu tout ce
à quoi il a droit, il ne saurait exercer un recours quelconque contre les signataires ou les endosseurs des
effets, ces effets n'ont plus de valeur entre ses mains, il
ne peut pas les conserver. Au contraire la faillite du remettant lui a en réalité remboursé intégralement les
effets, puisqu'elle a subi dans sa créance contre lui une
réduction égale au montant de ces effets, puisque, créancière jusqu'alors de 50.000 francs, elle ne peut plus
après contrepassation lui réclamer que 20.000 francs.
Ayant ainsi remboursé les effets, c'est elle qui a dès lors
à recourir contre les signataires et endosseurs précédents, et, pour qu'elle puisse exercer ce recours, les
effets doivent lui être rendus.

Mais si, toutes contrepassations opérées, le compte
se balance par un solde en faveur du récepteur, la situation change ; deux cas peuvent alors se présenter :
le récepteur restituera les effets ou les conservera.

S'il les restitue, pas de difficulté, la transmission de
propriété est résolue, le récepteur s'est dénanti ou des-

saisi, il a renoncé à tous droits, son dessaisissement est complet et irrévocable. C'est l'espèce sur laquelle a eu à statuer la Cour de Poitiers dans son arrêt du 14 février 1889 (D. 90.2.337). Ce mode de procéder sera employé si le remettant est solvable ; le porteur d'effets de commerce, en effet, s'ils sont impayés à l'échéance, recourt contre son endosseur et se rembourse au moyen d'une retraite (art. 178, C. com.) ; il en sera de même, si le porteur est un récepteur en compte courant. Si l'endosseur remettant est solvable et rembourse intégralement les effets, le porteur récepteur en sera dessaisi, l'endosseur remettant rentrera en possession de ces effets qui, conformément à l'article 181 du Code de commerce, ont dû être joints au compte de retour et ne peuvent plus être d'aucune utilité entre les mains du récepteur.

Mais la situation sera tout autre en cas de faillite du remettant : dans cette hypothèse, le récepteur conservera assurément les effets. Pourra-t-il, après les avoir contrepassés, agir encore à titre de porteur à l'encontre des co-obligés solidaires, comme souscripteurs, accepteurs ou endosseurs ? ou, au contraire, ces effets pourront-ils être revendiqués entre ses mains par son correspondant ? La question a été diversement résolue par les auteurs et par la jurisprudence, elle n'a pas donné lieu à moins de six systèmes.

Le PREMIER SYSTÈME est le plus absolu, il refuse au récepteur tous droits sur les effets contrepassés. C'est la solution enseignée par M. Feitu, n°ˢ 193 et 198. Pour lui, le récepteur ne peut cumuler et se prévaloir successivement de ses droits de correspondant en compte courant et de ceux de porteur des effets ; il peut à son choix invoquer ou le contrat de compte courant ou le contrat de change, mais non l'un et l'autre, et l'option qu'il fait est définitive ; après avoir contrepassé il ne peut plus agir comme porteur, en contrepassant il a abdiqué cette qualité tant à l'égard du remettant qu'à l'égard des tiers.

Un autre auteur, M. Thaller, dit que la contrepassation résout tout droit du récepteur sur les effets contrepassés (n° 1435).

C'est aussi l'opinion de MM. Lyon-Caen et Renault : « En invoquant la clause *sauf encaissement*, disent-ils « n° 1441, le récepteur annule ou résout la remise qui « lui a été faite et qui est ainsi considérée comme non « avenue, il serait contradictoire qu'il se prévalût des « droits résultant de la transmission de l'effet, puisqu'il « a anéanti cette transmission par la contrepassation « d'écritures. »

M. Dietz, p. 157, fait le même raisonnement quand il dit que le récepteur, en invoquant la condition tacite d'encaissement, renonce à ses droits de porteur et paraît dire au remettant : « Votre traite ne vaut rien, « je vous la restitue, tout va se régler comme s'il n'y « avait pas eu de transmission de l'effet en compte courant. »

Pour M. Thaller aussi bien que pour MM. Lyon-Caen et Renault et M. Dietz, la translation de propriété des effets au profit du récepteur est définitivement résolue, la contrepassation, qui a annulé l'opération, a fait évanouir le droit de propriété que l'endossement, comme l'entrée des effets en compte, avait transmis au récepteur ; ces effets ne lui appartiennent plus, il ne peut émettre la prétention de les conserver, il doit les remettre à son correspondant qui, à défaut de restitution, aurait le droit de les revendiquer.

Que serait-il advenu si, lorsque ces effets lui ont été remis, le récepteur ne les avait pas acceptés ? Il les aurait retournés à son correspondant et tout aurait été terminé. Or, au lieu de les refuser, le récepteur les accepte et les inscrit au compte, mais cette acceptation, nous le savons, n'est pas définitive, elle ne le deviendra qu'après encaissement, elle est subordonnée à une condition, le paiement. Les effets ne sont-ils pas payés, l'inscription est annulée, l'acceptation est rétroactivement résolue et toutes choses doivent être remises au même état que si les effets n'avaient pas été acceptés au moment de la remise. Ils doivent donc être retournés au remettant.

DEUXIÈME SYSTÈME. — C'est celui exposé par la Cour de Poitiers dans son arrêt du 14 février 1887 (D. 90.2. 337). Ce système admet, comme le premier et pour les mêmes motifs, que la contrepassation résout par elle-même, dès qu'elle est devenue définitive, le droit de

propriété du récepteur pour l'attribuer au remettant ;
toutefois, moins absolu dans les conséquences, moins
rigoureux dans les déductions, il autorise le récepteur à
conserver les effets contrepassés et à recourir contre les
codébiteurs du remettant, mais comme simple mandataire de celui-ci : « Attendu en effet qu'en droit, dit la
« Cour, le récepteur en compte courant, qui opère con-
« trepassement d'écritures et qui porte ce fait à la con-
« naissance du cédant, cesse d'être propriétaire des
« valeurs ; qu'il ne peut plus poursuivre le paiement de
« celles-ci pour son propre compte ; qu'il a bien quali-
« té, il est vrai, comme maître apparent, pour s'adres-
« ser au débiteur, mais qu'il agit alors comme simple
« mandataire du cédant, non comme tiers porteur pro-
« prement dit ; qu'il peut, dès lors, être repoussé par
« toutes les exceptions dont le cédant serait passible. »

TROISIÈME SYSTÈME. — La décision de la Cour de Poitiers est en opposition avec la jurisprudence en général.
D'après celle-ci le droit de propriété reste intact, la
contrepassation d'écritures est une simple opération
intérieure relative à l'état du compte courant, une mesure d'ordre entre le remettant et le récepteur. Elle n'est
point un anéantissement, une résolution réciproque des
effets du compte courant, elle n'est que l'exercice facul-
tatif d'un droit de résolution exclusivement réservé au
profit du récepteur, droit qui lui permet, en cas d'inexécution de la promesse, de reporter au débit du remettant
ce qui n'avait été inscrit que conditionnellement à son

crédit. La contrepassation, étant donnée sa nature, n'est pas susceptible de porter atteinte au droit de propriété des effets, ceux-ci ont été transmis au récepteur, ils lui restent définitivement acquis malgré la contrepassation. Elle ne fait même pas présumer l'intention, de la part du récepteur, de renoncer à la propriété de ces effets, s'il les a conservés. Le récepteur peut donc, comme auparavant, se prévaloir de la propriété des valeurs, il peut agir contre les coobligés et diminuer ainsi les risques de l'insolvabilité de son remettant, que nous avons supposé en faillite (Paris, 11 août 1812, Dalloz, *Compte courant*, n° 144 ; Cass., 27 novembre 1827, Dalloz, *Effets de commerce*, n° 420 ; Bourges, 11 février 1829, Dalloz, *Faillite*, n° 1198 ; Rouen, 19 février 1877, D. 77.2.82 ; Liège, 10 février 1883, D. 85.2.52 ; Nancy, 3 mars 1885, D. 86.2.144 ; Cass., 19 novembre 1888, D. 89.1.409 ; Cass. civ., 9 mai 1892, D. 93.1.477 ; Com. Montereau, 10 mai 1892, D. 92.2.449 ; Dalloz, *Compte courant*, n° 143 et Supplément, n° 37.

L'arrêt de la Cour de cassation de 1888 n'a donné que peu de motifs :

« Attendu, dit-il, que cette clause *sauf encaissement*,
« introduite dans l'intérêt exclusivement de celui qui
« reçoit les effets en garantie de ses avances, doit être
« appliquée lorsque la faillite du crédité arrête le compte
« courant, mais sans enlever au créditeur la propriété
« des effets dont il a été investi par l'endossement, ni,

« par suite, porter atteinte à ses droits contre les tiers
« coobligés du failli. »

Celui de 1827 est plus explicite : « Considérant que le
« contrepassement est une opération intérieure, rela-
« tive seulement à l'état du compte courant, de laquelle
« on ne peut pas induire que les récepteurs aient re-
« noncé à la propriété de ces effets, lorsqu'ils ne les ont
« pas retournés à D. (au remettant), qu'ils les ont entre
« les mains et qu'ils s'en prévalent. »

Enfin la Cour de Nancy, dans son arrêt de 1885,
dit : « Attendu, relativement à la prétention du syndic
« du remettant de se faire remettre par les récepteurs
« les effets impayés, que la contrepassation d'écritures
« faite au débit de l'envoyeur, à défaut d'acquittement
« aux échéances des valeurs endossées, est une opéra-
« tion intérieure et une simple mesure d'ordre dans les
« rapports du banquier et du failli, et n'a pas pour effet
« d'enlever aux réceptionnaires la propriété de ces
« valeurs, qui leur ont été remises à titre de garantie de
« leurs avances, et dont ils ont à tenir compte à la
« masse, en cas de recouvrement ;

« Que la revendication de ces valeurs par le syndic ne
« serait possible qu'autant que la remise des effets au-
« rait été faite avec le simple mandat d'en opérer le
« recouvrement (C. com., 574), tandis qu'au cas parti-
« culier le remettant s'est définitivement dessaisi des
« effets endossés et ne peut dès lors se prévaloir, pas
« plus que le syndic qui le représente, d'un événement

« ultérieur pour demander à être remis en possession
« de ces valeurs, si le recevant n'entend pas faire résou-
« dre le contrat par suite de son inexécution. »

QUATRIÈME SYSTÈME. — Pour M. Boistel, si la convention de compte courant modifie profondément les
rapports juridiques des parties, c'est seulement en ce
qui concerne le sort ultérieur, l'avenir des créances
entrées dans le compte ; elle n'a au contraire aucune
influence sur la naissance des créances, ni sur les causes
d'où elles peuvent provenir, ni sur les conditions qui
peuvent les affecter dès leur origine et amener ultérieurement leur disparition en vertu de l'effet rétroactif de
la condition. Dans ce dernier cas, elles devront sortir du
compte conformément à leur nature propre ; elles n'y
auront pas été absorbées et dénaturées, parce que leur
extinction se produit *ex causa antiqua* et non pas *ex
causa nova*. En d'autres termes, le compte courant a
pour objet de faciliter et de simplifier la liquidation des
rapports d'affaires existant entre les parties, il n'a pas
pour effet de modifier ces rapports d'affaires en eux-
mêmes.

Deux correspondants, qui entrent en compte courant,
ne subordonnent pas leurs rapports d'affaires à ce
compte, la convention de compte courant n'intervient
dans leurs relations qu'avec un caractère secondaire et
subordonné, le compte courant n'est pas une fin, un
but que les parties cherchent à réaliser, ce n'est qu'un
moyen accessoire secondaire pour atteindre un but prin-

cipal, celui de faire des affaires le plus avantageusement et aux moindres frais possible. Aussi les parties restent maîtresses de faire des affaires ensemble ou de n'en pas faire, elles peuvent également exclure, au moins par une convention formelle, telle ou telle remise de leur compte. Il ne faut pas confondre la naissance des créances par les contrats intervenus entre les parties au cours de leurs relations d'affaires, et l'entrée de ces créances dans le compte courant. Ce sont deux opérations successives et bien distinctes, unies sans doute par un certain lien de cause à effet, mais ayant chacune des caractères et des conséquences juridiques, absolument indépendantes l'une de l'autre. De même, la disparition de ces créances *ex causa antiqua* avec effet rétroactif, notamment en cas de condition résolutoire ou de nullité fondée sur l'absence ou la fausseté de leur cause, devra être soigneusement distinguée de leur sortie du compte, qui est seulement une conséquence de cette disparition.

La sortie du compte d'un effet qui s'opère par une contrepassation d'écriture, ne résout pas la cession de cet effet opérée par l'endossement, elle ne retransfère pas de plein droit la propriété de celui-ci à l'endosseur, il arrive seulement ceci que le récepteur, qui s'était débité du montant de l'effet, se porte créancier de cette même valeur, puisqu'il devait la toucher à l'échéance et qu'il ne l'a pas touchée. Là s'arrêtent les conséquences directes du contrat de compte courant et de la condition résolutoire qui y était sous-entendue. Pour savoir

ce que doit devenir l'effet endossé, il faut consulter, non
les règles du compte courant, mais les conventions an-
térieures des parties relatives à la portée et aux conséquences des remises qu'elles devaient se faire. Or il est
conforme à l'intention des parties que le récepteur, qui,
par suite du non paiement de l'effet, continue à courir
les chances d'insolvabilité du remettant, reste, malgré
la contrepassation, nanti de l'effet et qu'il cherche à se
couvrir en recourant lui-même contre les autres garants. Spécialement, lorsqu'il s'agit, comme dans l'espèce, d'un banquier à qui des effets de commerce sont
remis pour le couvrir de ses avances, il est toujours entendu tacitement avec son client que les effets remis
servent de gage pour le recouvrement de son crédit,
qu'il ne suit pas absolument la foi du remettant, et qu'il
a droit, tout en se portant créancier de celui-ci à raison
du non paiement, de chercher à réaliser d'ailleurs sa
garantie en poursuivant les autres débiteurs de l'effet.

En somme, d'après M. Boistel, il y a indépendance
absolue entre le contrat d'endossement avec ses conséquences, et la convention d'entrée en compte avec ses
effets ; la translation de la propriété des effets ne dérive
pas de l'entrée en compte de ces effets, mais de l'endossement qui a précédé, et elle est même une condition préalable de leur entrée dans le compte. Ceci étant
accepté, rien ne s'oppose plus à ce qu'on laisse, à titre
de propriété, les effets entre les mains du récepteur. La
contrepassation se présente alors comme la résolution,

non de l'endossement, c'est-à-dire de la propriété, mais simplement de l'entrée en compte : le récepteur cesse d'être débité des effets, mais il reste propriétaire et exerce à ce titre, sans difficulté, ses recours de porteur, en gardant en mains les effets protestés. M. Boistel fait autorité en matière de compte courant, c'est pourquoi nous avons tenu à exposer complètement son système. Il ne s'éloigne pas, on le voit, du système précédent ; comme la jurisprudence il conclut à la survivance du droit de propriété et il arrive à cette conclusion par des motifs qui, au fond, se rapprochent sensiblement de ceux invoqués par les décisions de justice.

Cinquième système. — Nous le trouvons exposé dans une note insérée dans le *Journal du Palais*, année 1848, t. 2, p. 1. Comme M. Boistel, l'auteur de la note proclame l'indépendance des deux contrats : contrat de change et contrat de compte courant, toutefois il ne méconnaît pas l'effet translatif de propriété du contrat de compte courant. Voici comment il s'exprime : « Les parties, qui sont en compte courant, ont à ce titre des droits et des obligations déterminés par la convention ou l'usage. Mais de nouveaux droits ou obligations résultent pour elles des opérations de change auxquelles donne lieu la transmission des traites. Or les droits et obligations, nés de la transmission, ne peuvent être modifiés à l'égard des tiers par les conditions du compte courant. »

D'après l'usage le compte courant a pour effet de

transmettre la propriété, d'après la loi l'endossement régulier a le même effet. Le récepteur, à qui l'effet a été endossé et qui l'a fait entrer dans le compte courant, est donc propriétaire de cet effet à un double titre : en vertu de l'endos et en vertu du compte courant. S'il contrepasse, la contrepassation, en faisant sortir du compte un article, annule bien la translation de propriété résultant de l'entrée en compte de cet article, mais elle laisse subsister au profit du récepteur le droit de propriété qui résulte pour lui de l'endos de l'effet. En un mot, le récepteur n'est plus propriétaire en vertu du compte courant, il l'est en vertu de l'endos, par suite il peut conserver l'effet et recourir contre les tiers coobligés.

SIXIÈME SYSTÈME. — M. Clément distingue aussi les deux éléments en lesquels s'analyse la transmission de l'effet remis en compte courant : l'endos et l'entrée en compte. « L'endos atteste vis-à-vis des tiers le droit de propriété du récepteur ; le compte courant règle les rapports que la remise établit entre les deux correspondants » (Clément, n° 86).

Par la contrepassation le récepteur n'atteint que le remettant, le droit de contrepasser dérive du contrat de compte courant et ce contrat ne peut produire effet qu'entre les correspondants ; par l'exercice des droits de porteur, au contraire, le récepteur peut atteindre tous les coobligés solidaires. Pour contrepasser il se prévaut, on le voit, du compte courant ; pour agir comme porteur il se prévaut de l'endossement.

Au contraire de M. Feitu, M. Clément estime que ces deux qualités de récepteur et de porteur n'ont rien d'incompatible, que l'option entre ces deux droits n'a rien de définitif. Pour lui le récepteur endosseur peut successivement agir en l'une et en l'autre qualité, il peut successivement user de l'un et de l'autre droit, et, de même qu'après avoir agi en qualité de porteur il peut contrepasser ensuite ce qu'il n'a pu recouvrer, de même il peut agir comme porteur à l'égard des tiers coobligés après avoir contrepassé, s'il reste encore créditeur. Qu'importe que l'ordre des recours soit interverti ? Si l'on admet la première solution, il faut bien admettre la seconde.

D'autre part, le remettant ne saurait se plaindre de la situation qui lui est créée, la faute lui en incombe, il a manqué à ses engagements. Quant à ses créanciers, ils ne peuvent avoir plus de droits que leur auteur, ils sont ses ayants cause (1), ils doivent subir également les conséquences de cette situation. En ce qui concerne les autres coobligés au titre, peu leur importera d'être poursuivis par le récepteur ou par le remettant.

Telles sont les considérations qui déterminent

(1) En principe, la masse est l'ayant cause du failli, celui-ci étant dessaisi, l'exercice de ses droits passe à ses créanciers que le syndic représente. La masse n'est considérée comme un tiers à l'égard du failli que lorsqu'elle exerce des droits que la loi lui confère directement et qu'elle ne tient pas du failli, il en est ainsi lorsqu'elle poursuit, en vertu des articles 446, 447, 448 et 449 du Code de commerce, la nullité d'actes antérieurs à la faillite.

M. Clément à reconnaître au récepteur le droit de conserver les effets contrepassés; mais quelle sera exactement la nature du droit du récepteur sur ces effets et
sur quelle théorie juridique reposera-t-il? C'est le côté
par lequel le système de M. Clément se différencie des
autres.

Si le récepteur conserve les effets contrepassés, ce
n'est pas comme propriétaire véritable, son droit de
propriété est résolu, c'est comme créancier nanti, il a
sur ces effets un droit de gage ou tout au moins le droit
de l'article 1166 du Code civil : « la contrepassation, à
« laquelle il recourt alors, résout, dit cet auteur, com-
« plètement la propriété des effets protestés ; mais, si
« le compte courant se solde en sa faveur, il trouve dans
« les titres, qu'il détient, un gage tacite de sa créance,
« une sorte de nantissement qui lui permet d'en tirer
« parti vis-à-vis des tiers. La remise en compte courant
« a disparu ; mais l'opération de change qui l'accompa-
« gnait a simplement changé de caractère, et la valeur
« en compte courant est devenue une valeur en garan-
« tie. Grâce à l'endossement, le récepteur est encore,
« si l'on veut, le propriétaire *apparent* de la valeur ;
« mais il agit, en réalité, contre les débiteurs solidaires,
« soit en vertu du droit de gage dont il est investi, soit
« en vertu des droits que lui confère l'article 1166 du
« Code civil. »

Entrons maintenant dans l'examen de ces diverses
opinions.

Le premier système séduit tout d'abord par sa simplicité autant que par sa logique, mais, à l'examen, on ne tarde pas à s'apercevoir des conséquences désastreuses et iniques auxquelles son application peut conduire. Or il ne faut pas oublier que le compte courant est presque exclusivement régi par des usages basés sur l'équité et que, d'autre part, les considérations pratiques sont en cette matière le point de vue essentiel, puisque le compte courant est une institution née des nécessités pratiques. Il est en effet un côté de la question qui paraît avoir échappé aux partisans de ce système.

Il ne faut pas considérer de façon trop intrinsèque l'acte juridique d'entrée en compte de l'effet, il faut en examiner aussi les circonstances, voir les divers actes qui en sont la suite, la conséquence. Toutes ces opérations ne sont pas sans lien entre elles. En considération de la remise, qui lui est faite, d'un effet portant des signatures d'endosseurs solvables, le récepteur a, de son côté, fait des remises d'espèces à son correspondant ; à l'échéance le souscripteur ou le tiré ne paie pas, l'effet revient protesté, le remettant est en faillite, le crédit qu'avait donné le récepteur à raison de cet effet est résoluble, le récepteur le résout ; sera-t-il donc déchu de tout recours contre les divers endosseurs auxquels il a fait confiance en faisant de son côté des remises d'espèces à son correspondant ? C'est cependant la solution à laquelle aboutit ce système : la transmission de la propriété est résolue, l'effet doit être restitué. L'iniquité que consacre cette théorie suffirait à la faire rejeter.

Mais il y a plus, les auteurs importants cependant, qui soutiennent cette opinion, disent que la contrepassation résout rétroactivement la transmission de l'effet, que celle-ci doit être considérée comme nulle et non avenue, que l'effet doit être restitué ; ils prétendent en somme que les parties doivent être replacées dans la situation dans laquelle elles se seraient trouvées, s'il n'y avait pas eu remise d'effet ; or, pour ce faire, il faut que les espèces remises par le récepteur de l'effet au remettant soient aussi restituées. L'opération est indivisible et ne peut être scindée, le récepteur répondra à la revendication du remettant ou de son syndic : « J'ai subordonné ma remise d'espèces à votre remise de signatures, si donc vous voulez reprendre vos signatures, remettez-moi mes espèces, votre remise a été la cause, la condition *sine qua non* de la mienne. » La situation n'est plus entière, *rebus non adhuc integris*.

La théorie du compte courant repose tout entière sur l'équité, l'usage et la convention ; or l'équité proteste contre une semblable interprétation, l'usage n'a pas pu la consacrer et l'esprit se refuse à concevoir que le récepteur ait souscrit à une clause aussi draconienne ; telle n'a pu être assurément la commune intention des parties.

L'iniquité, qu'il y aurait à déposséder ainsi le récepteur de signatures sur lesquelles il a dû et pu compter, a donné naissance aux autres systèmes et en explique la

multiplicité. Cette considération a frappé tous les autres
auteurs, elle apparaît aussi dans toutes les décisions de
justice et chacun a cherché à déterminer le titre en
vertu duquel le récepteur restera porteur de l'effet contrepassé. Sera-ce à titre de propriétaire, de mandataire, de créancier gagiste, ou même de simple créancier exerçant les droits de son débiteur ?

A ceux qui voient dans le récepteur, qui a contrepassé, un simple mandataire du remettant, nous répon-
dons : 1° En droit, ce mandat éventuel a nécessairement
été donné au moment de la remise de l'effet, or la faillite du remettant, survenue dans la suite, a mis fin au
mandat (art. 2003, C. civ.), le récepteur ne peut donc
pas agir en qualité de mandataire.

2° En fait, ce droit de mandataire serait bien précaire,
le remettant pourrait le révoquer quand bon lui semblerait, et, en le supposant même irrévocable, le mandataire devrait subir, sur les sommes recouvrées par ses
soins, le concours des autres créanciers du mandant, il
devrait même subir, sans pouvoir s'y soustraire, toutes
les exceptions anciennes ou nouvelles opposables à son
mandant et qu'il plairait à celui-ci de faire naître. Si
c'est une protection que la Cour de Poitiers a voulu
accorder au récepteur, elle est insuffisante.

Quant à voir dans la contrepassation une simple opération intérieure de comptabilité, une mesure d'ordre
dans les rapports du récepteur et du remettant, c'est
accorder bien peu d'importance aux effets juridiques

produits par la contrepassation, n'est-ce même pas commettre une confusion entre l'acte juridique et l'*instrumentum*, entre la résolution de la convention et l'opération de comptabilité destinée à la constater ?

Il faut distinguer l'opération purement matérielle d'écriture ou de comptabilité, de la convention qu'elle relate ; celle-là présuppose, implique celle-ci. Un effet est remis en compte, mention en est faite sur les livres ; la remise en compte, voilà l'acte abstrait générateur d'effets juridiques, mais la mention sur les livres, l'inscription au crédit du remettant, voilà l'opération matérielle qui la réalise et la constate. Cet effet sort du compte par suite de l'événement d'une condition résolutoire, une nouvelle mention sera faite dans la comptabilité, l'acte juridique sera la résolution de l'entrée en compte de l'effet, la mention, qui en sera faite et qui consistera en un report au débit du remettant, ne servira qu'à réaliser cette résolution et à la constater. La contrepassation, considérée comme opération matérielle de comptabilité, n'est en somme que l'application de la condition résolutoire, et la révélation extérieure de la résolution qui a précédemment eu lieu.

Si la remise affectée de cette condition est résolue, ses effets juridiques doivent l'être aussi, par conséquent le droit de propriété s'évanouit.

Nous ne nous arrêterons pas à l'objection que la contrepassation a été introduite dans l'intérêt et dans l'intérêt exclusif du récepteur. Cela signifie, nous l'avons vu, que le récepteur seul peut recourir à la contrepassation sans que le remettant puisse l'exiger, mais cela ne signifie pas que, la contrepassation une fois opérée, le remettant ne puisse s'en prévaloir. En effet, si le récepteur use de la faculté de contrepasser et résout ainsi la propriété qui lui avait été transmise, il perdra naturellement les attributs de son droit de propriété au regard du remettant. Le droit de propriété du récepteur ne peut pas, dans ce cas, s'évanouir sans que ne revive celui du remettant.

Dira-t-on avec le *Journal du Palais* que le récepteur est propriétaire de l'effet en vertu du contrat de change et en vertu du contrat de compte courant et que, si la contrepassation résout son droit de propriété résultant du contrat de compte courant, celui résultant du contrat de change survit? Mais ce serait oublier ce que nous avons dit sous le chapitre IV, à savoir que l'endos n'est que le mode employé pour remettre l'effet en compte courant, qu'il y a entre ces deux translations de propriété un lien de cause à effet, et que, si l'une est résolue, l'autre doit l'être également par voie de conséquence. L'opération de change n'est que secondaire, elle n'est encore une fois que le procédé employé pour la remise de l'effet ; la remise de l'effet en compte courant, voilà le but principal que se sont proposé les correspondants.

Pour se mettre d'accord avec la jurisprudence, sinon dans ses motifs, au moins dans ses conclusions et maintenir la propriété des effets au récepteur malgré la contrepassation, M. Boistel s'est appliqué à donner la prépondérance au contrat de change et à faire du compte courant un contrat secondaire et subordonné. Sa thèse, pour être ingénieuse, n'en est pas moins en contradiction avec la conception qu'on se fait du contrat de compte courant. Si deux personnes travaillent en compte courant, il est assez naturel de penser que toutes les remises, qu'elles se feront, entreront, sauf convention contraire, dans ce compte ; qu'elles ne se feront même des remises réciproques que pour les faire entrer dans ce compte. Augmenter leur crédit ou diminuer leur débit, tel est le but que poursuivent les parties. Pour le réaliser, elles auront recours à des procédés divers suivant la nature des remises : endos, transfert, cession de créance, dation manuelle, etc... Au reste, si spécialement dans l'hypothèse de remise d'un effet de commerce l'endos est autre chose qu'un procédé commode pour faire entrer cet effet dans le compte, qu'est-il donc ? pourquoi y a-t-on recours ? quelle est son utilité ? Transmettre la propriété de l'effet, dira M. Boistel ; mais l'un des principaux effets du compte courant est précisément de transférer la propriété.

En vain M. Boistel objecte que si les parties se proposent, comme but principal, de faire entrer leurs diverses opérations dans le compte courant, ce contrat va les gêner et leur lier les mains. Ce contrat n'est pas un contrat solennel, il n'est au contraire assujetti à l'accomplissement d'aucune formalité spéciale et peut, grâce à sa nature, embrasser les opérations les plus diverses, les plus variées. D'autre part, il ne s'impose pas forcément aux parties pour toutes leurs opérations, elles peuvent en exclure telle ou telle par une convention préalable.

Ne voyant dans le compte courant qu'un contrat secondaire et subordonné, M. Boistel a tenté d'en diminuer l'importance. Dire que le compte courant était sans influence sur les remises, c'eût été méconnaître son effet novatoire. Aussi s'est-il borné, à l'aide de savantes distinctions dans les modifications que le compte courant peut imprimer aux créances, à restreindre ou tout au moins à circonscrire les effets du compte.

Sans entrer dans un examen plus approfondi des conséquences juridiques du compte courant, on peut dire que, dans l'hypothèse présente, l'importance de ce contrat ne peut pas être contestée ; l'endos d'un effet transfère définitivement la propriété de cet effet à celui à qui il est endossé ; les événements ultérieurs, comme le non paiement, par exemple, de cet effet, seront sans influence sur la propriété qui est définitivement acquise au cessionnaire. Mais que cet effet, après avoir été endossé, soit envoyé en compte courant, les conséquences de l'endos ne seront-elles pas profondément modifiées? Survienne l'échéance et que l'effet ne soit pas payé, la clause *sauf encaissement* ne sera-t-elle pas applicable? Et quel est l'effet de cette clause, sinon de résoudre la

transmission de propriété? Ainsi le droit de propriété
du cessionnaire, qui, en vertu de l'endos, avait un caractère définitif, a été affecté par le compte courant
d'une condition résolutoire. Si donc les conséquences
juridiques du contrat de compte courant prévalent sur
celles du contrat de change, peut-on dire que celui-ci est
le contrat principal et celui-là le contrat secondaire ?

Enfin on remarquera que le droit, que conserve le
récepteur sur les effets contrepassés, est si peu un droit
de propriété que, si le montant de ces effets est supérieur au solde dont il est créditeur dans le compte, il ne
pourra pas s'attribuer l'excédent ; bien mieux, et M. Boistel ne le contestera pas, le remettant ou, pour lui, son
syndic pourra, en payant le solde, si minime qu'il soit,
se faire restituer les effets à quelque somme qu'ils s'é-
lèvent. Supposé, par exemple, un récepteur, créditeur
en compte courant de 1.000 francs, et porteur de valeurs
contrepassées s'élevant à 10.000 francs ; la faillite du
remettant pourra, en payant les 1.000 francs, solde du
compte, se faire remettre les 10.000 francs de valeurs.
Le récepteur n'a donc pas sur ces valeurs un droit de
propriété. Si le récepteur, créditeur du solde, avait eu
la pleine propriété des valeurs contrepassées, il aurait
pu, après avoir reçu son solde, les conserver et en réclamer encore le paiement ; il aurait reçu ainsi 11.000 fr.
alors qu'il ne lui était dû en réalité que 1.000 francs, le
remettant aurait subi un préjudice de 10.000 francs.
Celui-ci serait en effet sans action pour réclamer, après

le paiement du solde, la restitution de ces effets ; la transmission de la propriété n'est pas résolue, a dit M. Boistel, le remettant ne peut donc pas revendiquer les effets, car pour revendiquer il faut être propriétaire.

Ce détail n'a pas échappé à cet auteur, il lui arrive, en parlant du récepteur, de dire qu'il reste *nanti* des effets, ou encore (note sous Poitiers, 14 février 1889, D. 90.2.337) qu'il est tacitement convenu que les effets remis servent de *gage*.

La Cour de Nancy, dans son arrêt de 1885, avait dit aussi que le récepteur, resté propriétaire des effets contrepassés, pouvait les conserver à titre de *garantie*. C'est en effet un droit de gage que le récepteur peut invoquer sur ces effets, mais l'idée de gage est exclusive de l'idée de propriété, on ne peut pas avoir sa propre chose en gage. Il faut donc reconnaître que le récepteur, qui a contrepassé, a perdu son droit de propriété.

Nous arrivons au système de M. Clément sur lequel nous ne ferons qu'une remarque. Pourquoi dire que le droit du récepteur peut ne consister qu'à exercer, en vertu de l'article 1166 du Code civil, les droits de son débiteur sur les effets contrepassés ? ce droit est insuffisant, car, outre que le récepteur est exposé à concourir avec les autres créanciers du remettant, son action est paralysée par la faillite de celui-ci ; en cas de faillite, en effet, tous les droits du failli sont concentrés entre les mains du syndic, les créanciers ne peuvent plus exercer les droits de leur débiteur. Le récepteur serait donc lésé et telle n'a pu être assurément l'intention des parties.

Septième système. — Si nous évoquons si souvent
l'intention des parties, l'usage, l'équité, c'est que, dans
cette matière non encore codifiée du compte courant,
les conventions des parties, l'usage et l'équité ont une
importance considérable. La recherche de ces conventions, leur examen, leur analyse, leur interprétation
présentent des difficultés d'autant plus grandes qu'elles
sont généralement tacites. Dans ces conditions et en
l'absence de textes on devait recourir à l'équité, à l'u-
sage, aussi sont-ils intervenus avec toute leur autorité ;
seuls l'usage et l'équité donnent la clef d'une foule de
questions, c'est en leur nom que nous avons condamné
notamment le premier système, nous y ferons encore
appel pour prendre décision dans cette délicate question
des droits du récepteur sur les effets contrepassés.

Des usages reconnus et consacrés par la jurisprudence
nous chercherons, sans nous départir des principes d'é-
quité, à dégager les conventions des parties.

L'usage et la jurisprudence reconnaissent en principe
au récepteur, qui a contrepassé, le droit de conserver
les effets et de recourir contre les tiers coobligés ; les
dissentiments ne se produisent que lorsqu'il s'agit de
déterminer et de préciser la nature de ce droit.

Nous reconnaîtrons aussi au récepteur un droit
sur les effets contrepassés, c'est conforme à l'équité ;
la contrepassation, on le reconnaîtra, ne vaut pas un
remboursement effectif. Mais le droit, en vertu duquel
le récepteur conservera ces effets, ne sera ni un droit de

propriété, ni un droit de mandat, ni le droit de l'article 1166, nous avons dit pourquoi. Quel sera-t-il donc? Ce sera le droit de propriété restreint, dénaturé, démembré, méconnaissable de M. Boistel ; mais ce droit, nous l'appellerons, avec M. Clément, un droit de gage. Pour le déduire, on peut raisonner de la façon suivante : « Celui qui fait des avances en compte courant ne les fait qu'avec l'assurance d'en être remboursé. Les remises qu'on lui fait sont le fondement de cette assurance. D'un autre côté, c'est dans le même but que le correspondant fait ses remises. Si le créditeur avait accepté purement et simplement les remises, ce seraient autant de valeurs portées définitivement à son débit, et alors il n'y aurait plus lieu à la question posée. Mais si, comme il arrive presque toujours, ces mêmes remises n'ont été acceptées que conditionnellement, c'est-à-dire *sauf encaissement*, elles n'en restent pas moins ce qu'elles étaient auparavant, savoir ce sur quoi le créditeur a compté pour faire ses avances, la garantie de ce même créditeur. C'est une espèce de nantissement qu'il a entre les mains, et ce nantissement lui donne le droit d'être payé, pour la totalité de sa créance, par privilège et préférence aux autres créanciers de son cédant (1). »

La contrepassation, en effet, a résolu le droit de propriété, celui résultant de l'entrée en compte courant aussi bien que, par voie de conséquence, celui résultant de l'endos, le récepteur devrait donc restituer au re-

(1) Noblet, n° 208.

mettant les effets contrepassés ; mais on a vu, dans la discussion du premier système, la lésion qui pourrait en résulter pour le récepteur, et il n'est pas naturel de supposer qu'il ait souscrit à des conditions que l'équité condamne. Aussi l'usage est-il contraire à cette restitution. Il fallait donc, reconstituant et analysant la convention tacite des parties, rechercher à quel titre le contrepasseur conserverait les effets.

Allait-on dire que les parties avaient convenu, pour le cas où le récepteur serait créditeur du solde, que le droit de propriété, résolu par la contrepassation, revivrait à son profit ? Ce droit de propriété, on le sait, est trop absolu et pourrait même, en certains cas, préjudicier au remettant ; si les parties ont voulu protéger le récepteur, elles n'ont pas entendu sacrifier les intérêts du remettant.

Serait-ce au contraire à titre de mandataire ou en vertu de l'article 1166 ? Le droit de mandat et le droit de l'article 1166 sont, il a été dit, insuffisants.

Encore une fois, c'est en considération des signatures qu'on lui a remises que le récepteur a fait des avances, il a dû et pu compter sur ces signatures, de son côté le remettant a envoyé ces signatures pour obtenir des avances, n'est-il pas juste que les parties, en contractant, aient dès alors autorisé le récepteur à conserver les effets et à en discuter les signataires pour se couvrir de ce qui peut lui rester dû sur ses avances, c'est-à-dire du solde du compte, si le remettant ne le rem-

bourse pas intégralement? Ces signatures étaient une
sûreté entre les mains du récepteur, c'est encore à titre
de sûreté, à titre de gage qu'il les conservera, c'est la
solution la plus rationnelle, c'est le cas plus que jamais
pour le récepteur de recourir contre les coobligés pour
se couvrir de ses avances, alors que, par suite de la faillite, il ne peut espérer recevoir du remettant qu'un dividende. On dira donc qu'au moment du contrat de
compte courant les parties ont tacitement convenu
qu'au cas où, malgré la contrepassation, le compte
accuserait encore un solde au profit du récepteur des
effets contrepassés, celui-ci serait autorisé à conserver
ces effets à titre de gage. C'est l'opinion enseignée par
M. Pardessus dans son livre II, n° 486 : « c'est encore
par une convention tacite de nantissement que les effets
de commerce entrés dans les comptes courants répondent, à celui qui les a reçus, des résultats de ce compte ».
C'est aussi l'opinion de M. Clément : « le compte courant est constitué par un échange de remises, et chacune des parties cherche à couvrir ses avances par les
remises qu'elle obtient de l'autre. Le récepteur voit
dans les traites de son correspondant une garantie de
celles qu'il lui adresse lui-même. »

Le droit de gage est une protection suffisante, il n'est
pas excessif, et sauvegarde pour l'avenir tous les droits
du remettant sur les effets contrepassés.

1° Le droit de gage est tout d'abord une *protection suffisante* : s'il est interdit au créancier nanti de disposer de

son gage, cette règle souffre exception lorsque la chose constituée en gage est une créance et notamment un effet de commerce, dans ce cas le créancier gagiste peut poursuivre le paiement de la créance. En outre, il n'est jamais exposé à subir le concours des autres créanciers, il a privilège sur le recouvrement des effets qu'il détient (art. 2073, C. civ.), et l'exercice de son droit de recours contre les autres cooobligés ne sera pas paralysé par la faillite du remettant.

2° *Il n'est pas excessif* : en supposant même le montant des effets en nantissement supérieur au solde dont il est créditeur, le récepteur, s'il reçoit paiement intégral du solde, est tenu de restituer tous les effets à quelque somme qu'ils s'élèvent (art. 574, C. com.). *A fortiori* ne pourrait-il pas émettre la prétention d'encaisser et le solde et les effets ; le gage n'est qu'un contrat accessoire destiné à garantir l'exécution du contrat principal de compte courant, c'est-à-dire le paiement du solde dont le remettant est débiteur. La dette est-elle éteinte, le gage est éteint, les effets doivent être restitués et, à défaut de restitution, le remettant pourrait les revendiquer, car il en est propriétaire. En un mot, le gage ne peut être invoqué qu'à l'occasion de la dette et ne peut avoir effet qu'à concurrence de cette dette.

3° Enfin *il sauvegarde pour l'avenir tous les droits du remettant sur les effets contrepassés* : non seulement en effet le récepteur peut poursuivre le paiement des effets

contrepassés, mais il est même tenu d'exercer les
poursuites dont l'omission ou le retard pourrait entraî-
ner quelque déchéance, en pareil cas poursuivre c'est
conserver, et le créancier gagiste est tenu de conserver.
A défaut, il pourrait même être considéré comme res-
ponsable du non paiement des effets.

Le contrepasseur, conservant les effets à titre de
gage, sera dans la même situation que celui à qui des
effets sont endossés en garantie (art. 91, C. com.). Il
pourra, d'une part, comme correspondant en compte
courant, produire pour le solde à la faillite du remettant et, d'autre part, comme porteur, poursuivre les
autres coobligés. Mais ici une nouvelle question se pose
pour les partisans des systèmes 2, 3, 4, 5 et 6 ; si, postérieurement à la déclaration de faillite, le récepteur, agissant comme porteur, a recouvré un ou plusieurs effets,
ils se demandent pour quelle somme il produira à la
faillite du remettant? Déduira-t-il ces acomptes de sa
production, c'est-à-dire du solde du compte courant, ou
au contraire produira-t-il toujours pour ce solde intégral jusqu'à parfait paiement, sans imputation sur son
chiffre et par conséquent sans avoir à subir de diminu-
tion dans le chiffre des dividendes y afférant?

Certaines décisions de justice ont décidé que l'article 542 du Code de commerce, qui constitue une dérogation au droit commun, ne pouvait être appliqué en
l'espèce, que par conséquent le récepteur devait déduire
ces acomptes du solde du compte courant, c'est-à-dire

de sa production (Nancy, 3 mars 1885, D. 86.2.144 ;
Com. Seine, 28 avril 1897, *J. des faill.*, 1897, p. 313 ;
Com. Seine, 28 juin 1897, *J. des faill.*, 1898, p. 36).

D'autres décisions au contraire paraissent prévaloir
en jurisprudence, elles appliquent l'article 542 et per-
mettent de produire pour le solde intégral du compte
sans déduire les recouvrements postérieurs à la déclaration de faillite. Les acomptes reçus antérieurement à
toute déclaration de faillite sont déduits, ceux reçus
postérieurement ne le sont pas (Cass., 19 novembre
1888, cassant l'arrêt de Nancy ci-dessus rapporté, D.
89.1.409 ; Cass. civ., 9 mai 1892, D. 93.1.477 ; Rouen,
4 novembre 1892, *J. des faill.*, 1893, p. 385 ; Paris,
24 mars 1892, *J. des faill.*, 1892, p. 447 ; Paris, 17 janvier 1896, *J. des faill.*, 1896, p. 303 ; Com. Seine,
7 mars 1896, *J. des faill.*, 1896, p. 272 ; Montpellier,
19 janvier 1899, Société générale c. Vidal, liquidateur
Lignon ; Caen, 28 janvier 1899, Société générale c.
Lhomme).

Dans notre système, cette difficulté ne se présente
pas : le contrepasseur est un créancier gagiste, or, aux
termes de l'article 546 du Code de commerce en matière
de faillite, les créanciers nantis de gage ne sont inscrits
dans la masse que pour mémoire, c'est donc pour mémoire seulement que le contrepasseur produira à la
faillite de son remettant. Il est surprenant que M. Clément, qui a aussi reconnu aux contrepasseurs un droit
de gage sur les effets contrepassés, n'ait pas déduit les

conséquences de cette théorie et n'ait pas appliqué ici les règles relatives à l'admission des créanciers nantis.

L'admission définitive ne pourra être obtenue qu'après réalisation du gage, c'est-à-dire après la discussion de tous les coobligés au paiement des divers effets, et, si les sommes recouvrées sur ces tiers sont inférieures au solde du compte courant, cette admission ne pourra être faite que pour la différence ; c'est dire que les sommes recouvrées sur les tiers viendront en déduction du solde dont le contrepasseur était créditeur dans le compte courant (art. 548, C. com.).

Tout ceci ne vise que les rapports du récepteur contrepasseur avec son remettant. Au regard des divers autres endosseurs ou signataires, il ne peut pas y avoir de difficulté ; il ne s'agit plus alors d'un solde de compte courant, le contrepasseur agit ici comme porteur d'effets, c'est l'article 542 qui est applicable, il produira aux faillites des divers coobligés au paiement d'un même effet, ou les poursuivra s'ils sont encore *in bonis*, pour le montant nominal de cet effet jusqu'à parfait paiement sans déduire les acomptes reçus sur cet effet depuis la déclaration de faillite de l'un des coobligés. Son droit ne sera jamais limité que par l'extinction totale de sa créance.

Mais revenons au remettant avec qui une autre hypothèse, bien improbable cependant, puisqu'il est en faillite, pourra se présenter : si le syndic du remettant payait au récepteur l'intégralité du solde du compte

courant, il pourrait assurément retirer les effets contrepassés et restés en gage entre les mains du récepteur ;
mais si, avant que celui-ci n'ait réalisé son gage en dis-
cutant les autres codébiteurs solidaires, le syndic du
remettant versait au récepteur un acompte au moins
égal au montant de l'un des effets contrepassés, pourrait-il exiger du récepteur la restitution spécialement
de cet effet ? ou bien encore les codébiteurs poursuivis en
paiement de l'effet pourraient-ils opposer ce fait au récepteur ? Cette question doit être résolue par la néga-
tive. Le gage est indivisible, le créancier gagiste, lorsqu'il reçoit un paiement partiel n'est pas tenu de restituer une partie de son gage, alors même que celui-ci
est susceptible de division, il a le droit de conserver le
gage tout entier jusqu'à parfait paiement, *est totus in
toto et totus in qualibet parte*. L'acompte ou les acomptes
versés par le remettant au récepteur devront être im-
putés d'une façon générale sur le solde du compte et non
pas spécialement sur tel ou tel des effets retenus en
gage. Le remettant ne saurait donc prétendre à la
remise de l'un des effets, pas plus que les codébiteurs
poursuivis par le récepteur ne sauraient exciper du
paiement de l'acompte effectué par le remettant.

Ceux qui reconnaissent au contrepasseur un droit
de propriété, discutent encore sur deux autres questions : 1° Si le contrepasseur a un droit de propriété sur
les effets contrepassés, il a aussi un droit de créance
quant au solde. Pourquoi ne pourrait-il pas se préva-

loir de l'un et de l'autre droit ? Telle est cependant la
conclusion à laquelle aboutit ce système. Aussi les auteurs, qui l'enseignent, justement effrayés des conséquences de ce cumul, conséquences que nous avons déjà
signalées en réfutant la théorie de M. Boistel, ont-ils
dû apporter une première restriction à ce droit absolu
de propriété et dire que le contrepasseur ne pourrait
pas cumuler les deux droits. Mais l'option tout au moins
serait-elle permise ? Elle pouvait présenter aussi des
inconvénients, lorsque la somme des effets contrepassés serait supérieure au solde du compte courant. Les
partisans de ce système ont donc dû se demander si le
récepteur, qui avait contrepassé, pouvait, jusqu'à parfait paiement, conserver des effets représentant une
somme supérieure au solde du compte courant en sa
faveur, ou s'il devait rendre l'excédent de ces effets à
la faillite du remettant.

Certains prétendent que la somme des effets contrepassés doit être compensée à due concurrence avec le
solde du compte et que l'excédent des effets doit être
restitué.

Les autres soutiennent au contraire, avec la jurisprudence, que le contrepasseur peut conserver tous les
effets, à quelque somme qu'ils s'élèvent, sans qu'il y ait
à tenir compte de cette circonstance que le total de leur
valeur nominale est supérieur au solde créditeur du
compte. Les effets, disent-ils, ne peuvent valoir comme
espèces, ce ne sont que des créances, et il pourra se faire

qu'en exerçant ses droits de porteur avec des effets, dont le montant nominal sera de beaucoup supérieur à la créance du solde, le contrepasseur ne puisse même pas arriver à un remboursement intégral de cette créance (Bourges, 11 février 1829, et Nancy, 29 mai 1888, *suprà cit.*).

2° Le contrepasseur, créditeur du solde, se présente à la faillite du remettant, doit-il à l'appui de sa production représenter les effets contrepassés ? Lui suffit-il au contraire de prouver au syndic qu'il était porteur de ces effets au jour du jugement déclaratif ?

Cette question se lie intimement à celle de savoir si les effets contrepassés, recouvrés après la déclaration de faillite, doivent être ou non, lors de la production, déduits du solde créditeur du compte courant. Toute production devant être appuyée de ses pièces justificatives, ceux qui admettent en ce cas l'application de l'article 542, soutiennent qu'il suffit au récepteur de prouver au syndic qu'il était porteur de ces effets au jour du jugement déclaratif ; dans l'hypothèse, il a en effet reçu le montant de ces valeurs, il a dû les remettre, il serait dans l'impossibilité de les produire.

Ceux qui écartent au contraire l'article 542, soutiennent que le récepteur doit représenter effectivement les valeurs au syndic en produisant (Com. Seine, 11 avril 1861, *J. des Trib. de comm.*, X, p. 362, n° 3629 ; Nancy, 3 mars 1885, D. 86.2.144 ; Dijon, 14 janvier 1895 ; Com. Seine, 28 avril 1897, *J. des faill.*, 1897, p. 313 ;

Com. Seine, 28 juin 1897, *J. des faill.*, 1898, p. 36).

Si nous avions à nous prononcer dans la question, nous dirions que l'article 542 n'est pas applicable, que ce texte, qui constitue une dérogation au droit commun, doit être interprété limitativement, qu'il se réfère exclusivement aux effets de commerce considérés isolément et non à un solde de compte courant, dans lequel des valeurs diverses se trouvent confondues, que les effets recouvrés depuis la faillite doivent donc être déduits du solde, et, comme les partisans de cette théorie, nous ajouterions que le récepteur, créditeur du solde du compte courant, doit, pour être admis, produire effectivement au syndic les effets contrepassés, que s'il s'en est dessaisi il y a présomption qu'il en a reçu le paiement intégral. Si cette production n'était pas exigée, le récepteur pourrait très bien recevoir paiement d'un effet déjà contrepassé et maintenir néanmoins la contrepassation, bien qu'il n'y ait plus lieu alors à l'application de la clause résolutoire de *sauf encaissement* (1).

Par contre, le solde une fois admis, la jurisprudence est unanime à reconnaître que le récepteur créditeur ne saurait être tenu dans la suite, soit pour prendre part aux répartitions de la faillite, soit pour recevoir ses dividendes concordataires, de représenter de nouveau les effets contrepassés, et que le syndic ne pourrait de ce

(1) Toutefois cette divergence ne naît qu'en cas de paiement intégral d'un ou de plusieurs effets. En cas de paiement partiel, en effet, tout le monde reconnaît qu'il y a lieu à l'application de l'article 542.

chef lui faire subir une réduction quelconque. Le
compte courant, dit-on, fait novation, le solde en a été
fixé et précisé par l'admission à la faillite et par la véri-
fication préalable qui a été faite, cette admission emporte de la part du syndic approbation du compte
(Cass., 8 mars 1882) ; le titre de créance du créditeur est
désormais la balance de son compte courant et non les
diverses valeurs qui ont pu entrer dans sa composition
(Com. Seine, 12 mai 1891 et Paris, 24 mars 1892, *J. des*
*faill.*, 1892, p. 447). L'impossibilité de représenter les
effets impliquera bien dessaisissement de ces effets et
par suite présomption de paiement, et le syndic ou le
concordataire pourra craindre de payer au créditeur une
somme supérieure à celle qui lui reste réellement due
en capital et accessoires ; mais le syndic ou le concordataire pourra, malgré le caractère définitif de l'admission, venir à compte avec le créditeur (Paris, 1er décembre 1882, Lehideux et Delamotte c. Beauvillain et Cie ;
Cass., 19 novembre 1888, *J. des faill.*, 1889, p. 177 ;
Cass. civ., 9 mai 1892, D. 93.1.477). Il pourra exiger
la production de ses livres ou toute autre justification de
nature à établir que celui-ci, soit par paiements reçus
des tiers, soit par les dividendes qu'il va percevoir dans
la faillite, n'encaissera pas des sommes dont le total ex-
céderait sa créance en principal et accessoires. Il ne serait, en ce cas, autorisé à toucher, sur le dividende à lui
afférent, que la somme qui, jointe à celle déjà recouvrée
sur les tiers, suffirait à le désintéresser complètement.

Nous avons tenu à exposer ces deux questions à cause des controverses auxquelles elles donnent lieu, mais avec notre théorie il n'y avait pas à en faire état; toute difficulté cesse.

A la première question on répond que, les effets contrepassés restant à titre de gage entre les mains du récepteur, celui-ci peut, par suite de l'indivisibilité du gage, les retenir tous jusqu'à parfait paiement, à quelque somme qu'ils s'élèvent. En outre, le gage étant un contrat accessoire, il ne pourra jamais y avoir lieu à cumul ou à option.

Quant à la seconde, elle ne peut même pas se poser : avant la réalisation de son gage, le contrepasseur ne sera admis que pour mémoire, c'est-à-dire pour une somme indéterminée. Après la réalisation, le récepteur devra compte au syndic du remettant du gage dont il était nanti, les effets non représentés seront considérés comme recouvrés, si la réalisation a produit somme supérieure au solde créditeur du compte courant, l'excédent reviendra à la faillite; si au contraire la réalisation n'a donné qu'une somme inférieure, le récepteur produira pour la différence.

En somme et pour nous résumer, le compte courant est indivisible, les divers éléments qui le composent échappent en cas de faillite à l'application de l'article 446.

Il est arrêté au jour du jugement déclaratif de faillite.

L'incorporation d'un effet dans un compte courant fait échec au droit de revendication.

La clause de *sauf encaissement* est sous-entendue et la faillite ne fait pas obstacle à la contrepassation.

Le récepteur seul peut contrepasser et le report au débit comprendra les accessoires aussi bien que le principal.

Le protêt est la formalité préalable à la contrepassation.

Si le récepteur a agi d'abord comme porteur, la contrepassation ne lui est permise qu'autant que l'action en garantie est possible.

Si au contraire le récepteur commence par contrepasser, la contrepassation résout bien la propriété des effets, mais il peut les conserver en vertu d'une convention tacite de gage et poursuivre les coobligés solidaires à concurrence du solde du compte courant dont il est créditeur.

Est-il nécessaire d'ajouter que tout ce que nous avons dit reçoit également son application en cas de liquidation judiciaire, laquelle n'est du reste qu'une faillite atténuée ?

Vu :<br>
Le Président de la thèse,<br>
Paris, le 18 avril 1899.<br>
E. THALLER.

Vu :<br>
Le Doyen,<br>
GLASSON.

Vu et permis d'imprimer :<br>
*Le Vice-Recteur de l'Académie de Paris,*<br>
GRÉARD.

# TABLE DES MATIÈRES

Imp. J. Thevenot, Saint-Dizier (Hte-Marne).